Paul Baldauf

Rita von Cascia

Ein Licht aus Umbrien

Paul Baldauf

Rita von Cascia

Ein Licht aus Umbrien

fe

Hauptstr. 22
D-88353 Kisslegg

Gestaltung: Renate Geisler
Druck: Pustet, Regensburg
ISBN: 978-3-86357-359-1

Inhaltsverzeichnis

1. Kapitel

Roccaporena, Republik Cascia,
um das Jahr 1380 …

Antonio Lotti, von der Feldarbeit müde geworden, betrat sein Haus, setzte sich auf einen Holzstuhl und versank in Gedanken. Die Arbeit auf dem Stück Land, das seine Frau und er mit Hilfe von Freunden bearbeiteten, fiel ihm seit einiger Zeit schwerer und zahlreiche Einsätze als Friedensrichter lasteten auf ihm. Es stimmte ihn traurig, dass in der Republik Cascia und über ihre Grenzen hinaus, immer wieder Streit aufflammte, Unversöhnlichkeit die Oberhand behielt, heftige Auseinandersetzungen großes Leid über Familien brachten, Durst nach Rache gestillt wurde. Auch der Streit zwischen Ghibellinen und Guelfen – Parteigängern des Kaisers und Unterstützern des Papstes – der auch im unweit gelegenen Cascia tobte, nahm kein Ende. Wie viele Opfer waren zu beklagen! Dabei heißt es doch in der Bergpredigt: „Selig, die Frieden stiften.“ Ja, in der Tat, wenn es ihm und seiner Frau Amata gelang, streitende Parteien zur Versöhnung zu bewegen, empfanden sie eine tiefe Freude. Doch musste man als Friedensstifter nicht auch darauf achten, dass man mit seinem eigenen Schicksal im Frieden war? Antonio seufzte. Wie viele Jahre waren sie nun schon kinderlos. Wie oft haben wir den Himmel mit unseren Gebeten bestürmt! Wie gern hätten wir Kinder mit Liebe umsorgt!

Roccaporena, im Jahr 1381

Antonio Lotti strahlte vor Freude und betrachtete die Gesichtszüge seiner eben geborenen Tochter. Dann ergriff er ihre kleinen Hände, sah Amata an und sprach: „Vielleicht hat Gott uns nur so lange warten lassen, damit unsere Freude umso größer sei."

Amata nahm ihre Tochter behutsam in die Arme, wiegte sie hin und her und gab zurück:

„Ein Kind vieler Gebete. *Wer* weiß, ob sie ihr nicht in besonderer Weise zugutekommen werden."

2. Kapitel

Jahre danach …

In diesem Winter war es kälter als in den Jahren zuvor. Holz knisterte in Flammen, die zumindest etwas Wärme verbreiteten, als Amata etwas auffiel. Sie trocknete ihre Hände, ging auf ihre Tochter zu, die sich in einer Ecke des Raumes still aufhielt und musterte Rita von Kopf bis Fuß.

„Wo sind denn die Strümpfe geblieben, die du anhattest, als du mit deinem Vater aus dem Haus gingst?"

Rita senkte ihren Kopf, blieb eine Weile still, bis sie ihr Gesicht wieder erhob und ihrer Mutter in die Augen sah.

„Ich habe unterwegs ein Kind gesehen, um das sich niemand kümmerte. Es fror. Vater sprach gerade mit einem Mann und da habe ich …"

Ihre Mutter beugte sich, gerührt, zu ihr.

An einem milden Tag im Frühling durfte Rita mit ihren Eltern zum ersten Mal zum Markt nach Cascia mitgehen. Sobald sie den Ort erreichten, hielt ihre Mutter die Tochter fest an einer Hand, während ihr Vater sie unterwegs auf einzelne Gebäude aufmerksam machte. Kaum näherten sie sich dem Markt, als der Andrang von Menschen stark zunahm. Männer, die Körbe vor sich hertrugen, eilten zielstrebig voran, Frauen kamen aus Häusern hervor, Kinder schlängelten sich an Erwachsenen vorbei. Händler, die eine bunte Fülle an Waren anboten, feilschten mit Kunden, Geldstücke wechselten den Besitzer und an jeder Ecke erhob sich ein Stimmengewirr. Vögel zwitscherten in Käfigen, während ein Bettler im Anblick von gutsituierter Kundschaft auf Almosen hoffte. Kaum bekam Antonio ihn zu Gesicht, als er auch schon aus einem kleinen Lederbeutel zwei Münzen hervorholte und sie Rita überreichte.

„Gib sie dem armen Mann, ich warte hier."

3. Kapitel

Amata sah noch einmal nach, ob ihre Tochter auch eingeschlafen sei. Dann begab sie sich zu ihrem Mann an den Tisch, füllte einen Krug mit Wein und begann:

„Als du heute außer Hause warst, half Rita mir bei meiner Arbeit. Sie ging mir überall zur Hand, beobachtete mich und prägte sich alles ein. Als ich ihre Hilfe nicht mehr benötigte, zog sie sich zurück und übte sich im Lesen und im Schreiben. Wenn sie still mit etwas beschäftigt ist, fühlt sie sich wohl. Ob sie Buchstaben formt, Wörter schreibt oder liest: Sie geht ganz darin auf."

Ihr Mann dachte nach und warf ein:

„So habe ich sie auch erlebt, als sie uns auf dem Feld half. Doch habe ich dafür gesorgt, dass sie Pausen einlegt. Dann sah ich, wie sie über Gräser lief, mit Halmen spielte, an Blumen roch, ein Kind, wie andere Kinder auch."

„Weißt du noch: Als ich das letzte Mal dabei war, kamen wir an einem Feld vorbei, in dem viele Margeriten dicht beisammenstanden."

Ihr Mann dachte an die Taufe seiner Tochter auf den Namen „Margerita" *(italienisch = Margherita)* zurück und kommentierte:

„Wir haben uns längst daran gewöhnt, sie *Rita* zu nennen, nicht wahr?"

Mit Bona unterwegs …

Rita und ihre Freundin Bona kannten den Weg, der zur Klosterkirche von Cascia führte, längst auswendig. Rita hörte zu, wie ihre Begleiterin Neuigkeiten aus ihrer Familie erzählte, bis sie auf dem Kirchenvorplatz ankamen. Unweit des Eingangstores hörten sie bereits den Gesang der Ordensschwestern. Bona eilte voraus, öffnete die Tür und gemeinsam betraten sie den Innenraum der Kirche. Zunächst zog der Chorraum, in dem die Augustinerinnen versammelt waren, ihre Blicke auf sich. Dann setzten die beiden Freundinnen sich in eine Bank und ließen Klänge von Liedern auf sich wirken, die in höhere Sphären zu führen schienen. Bona flüsterte:

„Muss man eigentlich gut singen können, wenn man ins Kloster eintritt?"

„Ich glaube nicht."

4. Kapitel

Einige Jahre danach …

Amata sah sich überall um: Ihre Tochter war nirgends zu sehen. Wohin war sie auf einmal verschwunden? Oder sollte sie selbst in Gedanken gewesen sein und nicht zugehört haben, als Rita ihr mitteilte, wohin sie ging? Amata stellte Geschirr ab und rief: „Rita?"

Sie wartete, bekam kein Echo und begab sich in ihrem kleinen Haus auf die Suche.

Es dauerte nicht lange, und sie entdeckte ihre Tochter, die ihr – in einen stillen Winkel eines abgelegenen Raumes zurückgezogen – den Rücken zukehrte. Amata schlich langsam näher und beobachtete, dass Rita zu einem an der Wand angebrachten Kreuz aufblickte. Amata hielt den Atem an und zog sich, so leise, wie möglich, wieder zurück.

Als sie, spät am Abend, ihrem Mann davon erzählte, war dieser nicht überrascht: „Auch ich habe vor einiger Zeit gesehen, wie sie an eben dieser Stelle kniete, ein Buch in ihren Händen hielt, zum Kreuz aufblickte und –

kaum hörbar – betete. Sie war dabei so vertieft, dass sie meine Schritte nicht hörte."

Amata kam auf einmal die Erinnerung an einen lang zurückliegenden Tag.

„Weißt du noch, wie ich sagte: Ein Kind vieler Gebete: Wer weiß, ob sie ihr nicht in besonderer Weise zugutekommen werden?"

„Ja, ich erinnere mich sehr gut."

5. Kapitel

Die Luft war klar, der Himmel kaum bewölkt, als Rita einen Weg einschlug, der sie – nach mühsamem Aufstieg – zum Gipfel des „Sacro Scoglio“, eines felsigen, spitz zulaufenden Berges, führen würde. Dieser ragte über 120 Meter in die Höhe, war ringsum von bewaldeten Berghängen umgeben, ein Anblick, der Rita immer wieder anzog und faszinierte. Sie wusste, dass sie unterwegs vorsichtig sein und konzentriert vorgehen musste. *Eine* Unachtsamkeit, *ein* falscher Schritt konnten fatale Folgen haben. Rita ging ebenso entschlossen wie behutsam voran. Stück um Stück kämpfte sie sich nach oben, wobei sie ab und zu eine Pause einlegte. Wie herrlich war dieser Ausblick hinab ins Tal! War diese Natur nicht auch eine Botschaft, die es zu entziffern galt? Berghänge boten Schutz vor eisigen Winden, Bäume waren tief verwurzelt und strebten doch in die Höhe, unzählige Blätter bildeten nur vereint eine herrliche Baumkrone.

Sobald die Hälfte des Aufstiegs hinter ihr lag, blieb sie stehen und schaute hinab. Wie klein sah Roccaporena von hier oben aus. Sie erkannte verschiedene Gebäude und dachte gerührt an ihr eigenes Zuhause. Doch nun hieß es, die nächste Wegstrecke in Angriff zu nehmen, und Rita bahnte sich wieder einen Weg. Als sie *endlich* hoch oben auf dem Sacro Scoglio angekommen war, atmete sie erleichtert auf und tauchte in die wohltuende Stille dieses Ortes ein. Wie oft hatte sie, durch ein kleines Zimmerfenster ihres Elternhauses, zum Scoglio hinaufgesehen und nun konnte sie die Blickrichtung wechseln. Bald fand sie den idealen Platz – eine Felsplatte – auf der sie nun zu verweilen gedachte. Rita ruhte sich erst einmal aus, sah sich in alle Himmelsrichtungen um. Kaum ein Windhauch regte sich und *doch* wusste sie, dass es nicht nur die Stille war, die sie hier oben suchte. Sie kniete hin, sammelte sich und bald war sie in intensives Gebet und tiefe Betrachtung versunken.

6. Kapitel

Antonio Lotti betrat das einfach eingerichtete Zimmer, in dem sie zu essen pflegten und begrüßte seine Frau Amata, die gerade dabei war, eine Gemüsesuppe zuzubereiten. Er entledigte sich eines Obergewandes und während er langsam Platz nahm, spürte er, dass er älter geworden war.

„Rita ist schon länger da, nicht wahr?"

„Ja, sie ist nebenan und in ein Buch vertieft: Augustinus."

„Als sie mich heute bei meiner Arbeit als Friedensstifter begleitet hat, wollte ich ihr erklären, wie ich dabei vorgehe."

„Und?"

„Doch als ich das Haus von einem dieser Streithähne verließ, gab sie mir einen Kommentar, der mich erstaunte. Sie scheint bereits zu wissen, wie man Frieden stiftet, hat einen Blick für die Menschen, als könne sie nachvollziehen, was sie zu ihren Handlungen bewegt."

Amata kam näher, setzte sich zu ihm und erwiderte:

„Somit setzt sie – auf ihre Art – unsere Arbeit jetzt schon fort."

7. Kapitel

Nach Jahren, die er – unter Hauptmann Lorenzo von Collegiacone – als Söldner im Heer der Cascianer verbracht hatte, nach hart erkämpften Siegen über Truppen anderer Städte, war Paolo Fernando Mancini wieder nach Hause zurückgekehrt und bald in aller Munde. Er brauchte keinerlei Anlaufzeit, war schnell wieder in seinem Element und beherrschte die öffentliche Bühne. Wo er auch war, fiel er auf, zog Blicke an, und alte und neue Bekannte scharten sich um ihn. Paolo Fernando streifte durch den Ort und die Umgebung, zeigte – als geübter Reiter –sein Geschick auf ungestümen Pferden. Wer ihn, nach all den Jahren in der Fremde, wiedererkannte und begrüßte, der hing bald an seinen Lippen, erzählte er doch voller Stolz und höchst lebendig von früheren Heldentaten. Er fühlte sich wie ein Mann, der sich seines Wertes, Könnens und seiner Kraft gewiss ist. Paolo Fernando fürchtete nichts und niemand und wer ihn herausforderte, konnte erleben, wie schnell seine überschäumend gute Laune umschlagen konnte. Dann brauste er auf, und wenn ihn Wut mitriss, scheute er keine handgreifliche Auseinandersetzung. Überdies kennzeichnete ihn Verwegenheit, so dass er gerne seine Kräfte maß und vor keiner Mutprobe zurückschreckte.

Wo er auch auftauchte, verfehlte seine stattliche Erscheinung nicht ihre Wirkung und andere Leute kamen sich neben ihm manchmal wie Statisten vor. Hier schwang er sich wild entschlossen in den Sattel, gab die Richtung vor und galoppierte mit Kumpanen davon, dort band er sein Pferd in zügiger Bewegung fest und wurde sogleich wieder zum Mittelpunkt einer übermütig johlenden Menge.

Doch eines Tages versagten ihm die Worte, die seinem Mund sonst oft so schlagfertig und lautstark entströmten. An einem Sonntag war er gerade von einem Treffen mit alten Freunden zurückgekehrt, als er im Vorübergehen, unweit der Kirche, eine junge Schönheit aus Roccaporena zu Gesicht bekam. Nachforschungen ergaben, dass es Rita – die Tochter von Antonio und Amata Lotti – war. Er konnte sich vage an sie erinnern, war er ihr doch einige Male flüchtig begegnet, bevor er sich dem

Heer der Cascianer anschloss. Ihm fiel auf, dass sie ihn überhaupt nicht beachtete. Selbst als er ihr nachrief, kam kein Echo zurück. Sollte sie ihn nicht gesehen, nicht gehört haben? Unmöglich! Der halbe Ort sprach schon von ihm und *sie*, sie tat, als wäre er nur Luft?! Paolo Fernando versuchte zunächst, sie sich aus dem Sinn zu schlagen, doch die Erinnerung an sie kam immer wieder zurück. Gewiss fiel ich ihr auf, genau wie sie mir selbst. So reizt sie mich denn doppelt, da mich auch ihr Verhalten reizt … Oder hat sie mich nicht wiedererkannt und weiß nicht, *wer* ich bin? Unmöglich, *jeder* spricht von mir, habe ich doch in dieses entlegene Bergdorf wieder Leben gebracht.

Was tun? Macht ein Paolo Fernando Mancini dem jungen Fräulein etwa lange den Hof und wartet geduldig, bis sie gewillt ist, mit mir zu sprechen? *Nein*, ich werde mich näher über sie erkundigen und dann als erstes mit meinem Vater reden.

8. Kapitel

Paolo Mancini betrat das Haus seines alten Freundes Antonio Lotti, begrüßte ihn und dessen Frau. Nach einleitenden Worten und aufgefrischten Erinnerungen an so manches, zusammen erlebtes Ereignis längst verflossener Jahre, sah er sich auf einmal um.

„Ist eure Tochter Rita nicht im Hause?"

„Warum fragst du, Paolo?"

Während dieser, auf ein Zeichen von Antonio hin, Platz nahm und Amata ihrem Besucher ein Getränk servierte, beschloss Paolo, dass es am besten sei, nicht lange zu fackeln:

„Wie du schon ahnst, bin ich nicht nur gekommen, um meinen alten Freund Antonio und seine Frau zu sehen. Vielmehr komme ich diesmal mit einer Botschaft, die sicher ganz in eurem Sinne ist."

Antonio sah verwundert auf – Eine Botschaft? Was konnte dies bedeuten? – und Amata stellte Trinkbecher und Obst bereit.

Paolo, dessen hageres, an den Wangen etwas eingefallenes Gesicht im Verein mit einer gewissen Strenge Respekt einflößte, sortierte seine Gedanken:

„Also, wie ihr sicher schon mitbekommen habt, ist mein Sohn Paolo Fernando – nach Jahren, in denen er im Heer der Cascianer glänzende Siege erfocht – wieder zurückgekehrt. Ein Kapitel in seinem Leben ist damit zu Ende und es ist Zeit, ein neues Kapitel aufzuschlagen."

Paolo sah seine Gastgeber prüfend an und erkannte, dass sie noch nicht ahnten, worauf er hinauswollte. So legte er mehr Kraft in seine Stimme und sprach mit Nachdruck:

„Für ihn ist die Zeit gekommen, dass er seinem Leben eine neue Richtung gibt, festen Boden unter die Füße bekommt; kurzum: Heiratet und eine Familie gründet!" Antonio lehnte sich, von leichter Unruhe erfasst, zurück. Er ahnte etwas, wollte dies jedoch zunächst noch nicht wahrhaben. Andererseits fühlte er selbst, dass dieses Thema – die Zukunft seiner Tochter – unweigerlich auf sie zukam und angegangen werden musste. Er und Amata, sie hatten die besten Jahre ihres Lebens längst hinter sich. Was sollte nur aus Rita werden, wenn sie beide nicht mehr in der Lage waren, sich um sie zu kümmern oder eines Tages nicht mehr da waren? In Roccaporena, in Cascia und im Umkreis, überall flammten Unruhen auf, trotz aller Bemühungen um Frieden kam es immer wieder zu Streit und Gewalt, zu Überfällen, Mord und Rache. Die ständigen Konflikte zwischen Guelfen und Ghibellinen nahmen auch kein Ende und überdies verbreiteten marodierende Banden Angst und Unsicherheit.

„Antonio, es ist mein Wille, dass Paolo Fernando eure Tochter heiratet. Ihr wisst ja selbst, dass ihr nicht ewig für sie sorgen könnt. Wer weiß, was euch und ihr das Schicksal bringt. Mein Sohn hingegen bietet ihr Sicherheit und Schutz, die sie ihr ganzes Leben brauchen wird."

Amata blickte ihren Mann an. Dieser fühlte einen inneren Widerstreit, so dass er zögerte, bis er sprach:

„Was du uns angetragen hast, ehrt uns und kommt zugleich doch überraschend. Sieh es uns bitte nicht nach: Vor einigen Tagen wussten wir noch nicht, dass dein Sohn wieder zurückgekehrt ist. Gib uns bitte etwas Zeit. Ich werde bald zu dir kommen und dir Antwort geben." Paolo reckte sein Kinn nach vorn, zog die Stirn in die Höhe und sprach bestimmend:

„Ich bin mir *sicher*, dass du *schon morgen* in meinem Hause vorsprichst und uns dein Einverständnis dankbar gibst, nicht wahr?!"

Er sah, erst Antonio, dann Amata, mit durchdringendem Blick an und erhob sich. „Eure Mienen zeigen mir schon jetzt, dass eure Antwort ‚Ja' lautet."

9. Kapitel

Kaum war Paolo Mancini verabschiedet, kehrte Antonio an den Tisch zurück. Dort wurde er bereits von Amata erwartet, die das Bedürfnis empfand, ihre Eindrücke mit ihm auszutauschen. Antonio begann:

„Meine Gefühle sind seltsam gemischt: Einerseits bin ich froh, dass sich eine Lösung abzuzeichnen scheint: Wir beide, wir könnten beruhigt sein, wüssten wir doch, dass Rita nicht alleine dastehen wird. Auch für uns wäre gesorgt, denn wer weiß, ob wir nicht noch auf ihre Hilfe angewiesen sind. Und *doch*"

Amata suchte seinen Blickkontakt.

„Was meinst du?"

„Und doch fühle ich zugleich auch eine gewisse Unruhe. Sein Sohn gehört den Ghibellinen an, die mit den Guelfen von Cascia im Streit liegen." Amata nickte und fügte hinzu:

„Auch ist uns ja bekannt, dass sein Charakter nicht einfach ist."

„In der Tat. Mir ist schon früher, bevor er als Söldner fortzog, so einiges über ihn zu Ohren gekommen. So lange alles in seinem Sinne geht, er Erfolg hat und Zustimmung findet, ist mit ihm gut auskommen. Doch anders sieht es aus, wenn ihm etwas zuwiderläuft. Dann – so hörte ich einst – genüge manchmal schon ein Funke und er braust auf, vom Jähzorn hingerissen; doch vielleicht sind einige Geschichten über ihn ja auch übertrieben oder erfunden. Er hat bestimmt auch gute Seiten." Amata dachte eine ganze Weile nach und warf schließlich ein:

„Gewiss wird Rita einen guten Einfluss auf ihn ausüben, und er wird sich – so hoffe ich – nach und nach bessern. Wenn ihm ihr gutes Beispiel immer vor Augen steht, so kann dies auf Dauer nicht ohne Wirkung auf ihn bleiben."

„Ja, du hast recht. Wir hatten doch um eine gute Lösung gebetet: Wer weiß, ob der Himmel nicht Paolo zu uns geschickt hat."

„Also gibst du ihm dein Einverständnis?"

„Ja, Amata. Morgen haben wir noch auf dem Feld zu tun und unsere Pflicht als Friedensrichter ruft uns. Doch spätestens am Tag darauf gehe ich zu ihm."

10. Kapitel

Einige Tage danach …

Als Rita – nach dem Abstieg vom Sacro Scoglio – sich langsam dem Elternhaus näherte, überkam sie ein seltsam beklemmendes Gefühl. Sie konnte es sich nicht erklären, da ihr innerster Wunsch, in das Kloster Santa Maria Magdalena einzutreten, in der Höhe des Berges noch stärker geworden war. Kaum bekam sie ihre Eltern zu Gesicht, überkam sie erneut das Gefühl, dass irgendetwas in der Luft lag. Die Miene ihres Vaters wirkte angespannt und ihre Mutter vermied es zunächst, ihr ins Gesicht zu sehen. Antonio näherte sich seiner Tochter, sah sie ebenso wohlwollend wie ernst an und bat sie, Platz zu nehmen.

„Wir müssen mit dir reden."

Nun kam auch Amata näher und bald waren sie zu Dritt um den Tisch versammelt. „Wir beide sind älter geworden und haben uns um deine Zukunft Sorgen gemacht. Die Zeiten sind gefährlich und werden, wie es scheint, nicht besser. Was soll aus unserer Tochter werden, so fragten wir uns, wenn wir selbst einmal auf ihre Hilfe angewiesen oder beide nicht mehr da sind. Die Zukunft eines jeden Tages ist ungewiss und da" Antonio war ins Stocken geraten und sah seine Frau an. Amata sprach:

„Paolo Mancini, der deinem Vater seit langer Zeit in Freundschaft verbunden ist, war hier."

Antonio schaltete sich wieder ein und ergänzte:

„Er will, dass Paolo Fernando, nun, dass wir seinem Sohn deine Hand geben."

Rita erschrak, gab aber zunächst keinen Ton von sich. Sie wartete vielmehr, was noch folgen werde.

„Wir haben, nach reiflicher Überlegung, „ja" gesagt. Ich selbst habe Paolo besucht. Dabei habe ich auch mit seinem Sohn gesprochen, der glücklich ist, so wie wir selbst und hoffentlich auch du."

Rita, die tief bestürzt war, hielt den Atem an. Es dauerte eine ganze Weile, bis sie sprach:

„Als ich auf dem Scoglio war, ist meine Überzeugung, dass ich zu einem Leben im Kloster berufen bin, noch stärker geworden. Ich habe die Heiligen Augustinus, Nikolaus von Tolentino und Johannes, den Täufer, zu meinen Patronen gewählt und sie gebeten, mir hierüber innere Klarheit zu vermitteln und bin mir sicher, dass sie mich erhört haben."

Ihr Vater seufzte leise, sah ihr in die Augen und sagte:

„Gefühle, Rita, können täuschen. Du bist noch jung. Wir müssen so entscheiden, wie es für dich und deine Zukunft am besten ist. Schlafe erst einmal darüber und du wirst sehen, schon morgen wird sich dir alles anders darstellen. Du weißt, wir beide meinen es nur gut mit dir."

11. Kapitel

Am folgenden Tag ging Rita, in Gedanken versunken, an dem von ihr geliebten Fluss Corno entlang. Wie sollte sie diese Wendung ihres Schicksals deuten? War es ihr in der Höhe des Sacro Scoglio nicht so vorgekommen, als lösten sich alle Fragen in Klarheit auf? Sie hatte doch im Gebet versucht, den Willen Gottes zu erkennen und in diesem Sinne ihre Patrone um Hilfe angerufen. *Warum* trat dann auf einmal ein Ereignis ein, das dem völlig zuwiderlief? Rita betrachtete dahinfließendes Wasser, in ihm liegende Steine, Gestrüpp, Wurzeln und Büsche im Umkreis, bis ihr auf einmal ein Gedanke kam.

Sobald sie die in einem Seitental des Flusses Corno gelegene Einsiedelei Santa Croce im Nußtal endlich erreichte, fühlte sie sich innerlich ruhiger. Es dauerte nicht lange und Pater Ugolino, dessen gütiges Gesicht ihr von manchen Gesprächen bereits vertraut war, stand vor ihr. Er bat sie, ihn zu begleiten, führte sie über Steinstufen an Höhlen von Einsiedlern vorbei, bis sie an einem ruhigen Ort ankamen, an dem sie sich auf eine kleine Steinbank setzen konnten. Pater Ugolino sammelte sich, faltete seine Hände und gab seiner Besucherin zu verstehen, dass er nun für sie da und ganz Ohr sei. Rita öffnete ihm ihre Gedanken und ihr Herz, vertraute ihm ihre Erlebnisse auf dem Scoglio an und fügte am Ende hinzu:

„Der Weg ins Kloster Santa Maria Magdalena schien schon klar vor mir zu stehen. Überdies verehre ich diese Heilige sehr, da sie Jesus Christus so sehr liebte und sehr großzügig war."

Rita schwieg und wartete, was Pater Ugolino ihr nun hierauf entgegnen würde. Zuvor hatte sie den Entschluss gefasst, dass sie seine Antwort als Weisung des Himmels annehmen würde. Pater Ugolino ließ ihre Worte auf sich wirken. Nach einer Zeit der Stille, in der er nachdachte, sagte er:

„Ich sehe, dass dein Wunsch, ins Kloster einzutreten, längere Zeit gereift ist. Doch wie du siehst, sind deine Wünsche, Pläne durchkreuzt worden. Ob deine Eltern mit ihrer Entscheidung, dass du Paolo Fernando heiraten sollst, dem Willen Gottes entsprechen, weiß ich nicht."

Rita sah den Einsiedler fragend an und wartete gespannt, was nun folgen würde. „Deine Eltern wünschen also, dass du Paolo Fernando heiratest. Sie meinen es sicher gut, denken an dein Wohl. Zugleich sind sie vermutlich auch besorgt, was aus ihnen werden soll, wenn ihre Kräfte nachlassen, sie selbst Hilfe brauchen."

Pater Ugolino schloss für einen Moment die Augen, betete still und wartete, ob ihm ein diese Situation erhellender Gedanke käme. Schließlich sah er Rita wieder an und sprach:

„Ich denke, dass du auf deine betagten Eltern hören, ihrem Wunsch entsprechen sollst. So kannst du ihnen nah und behilflich sein. Ich glaube, dies ist Gottes Wille." Der Pater schaute auf einmal wie in die Ferne und fügte hinzu:

„Gott weiß, was deine Zukunft noch alles bringen wird."

Rita senkte ihren Kopf und schwieg eine Weile, bis sie antwortete:

„So, wie Sie gesagt haben, so soll und wird es sein."

12. Kapitel

Der Tisch war bereits zum Abendessen gedeckt, als erst Antonio, dann Rita den Raum betraten. Kaum war das Tischgebet beendet, ergriff Rita das Wort:

„Ihr wisst, dass es mein Wunsch war, in das Kloster Santa Maria Magdalena einzutreten. Doch inzwischen habe ich auch über eure Worte nachgedacht und kann euch verstehen. Ihr wollt, dass Paolo Fernando und ich heiraten und ich bin bereit, euren Willen anzunehmen."

Als Antonio und Amata Lotti diese Worte hörten, waren sie glücklich, hatten sie doch befürchtet, einer Einigung könnte eine Auseinandersetzung vorausgehen, die niemand guttun und die den Frieden in der Familie erheblich stören würde. Beim Gedanken, dass Rita in Roccaporena, in erreichbarer Nähe, bleiben würde, fühlten sie sich erleichtert. Doch Antonio und Amata erkannten zugleich, dass im Gesicht ihrer Tochter keine Spuren von Freude zu finden waren, sodass ihre eigene Freude mit Betrübnis gemischt war. Antonio bemühte sich, Zuversicht zu vermitteln.

„Du wirst sehen, dass sich dein zukünftiger Mann durch deinen guten Einfluss mit der Zeit verändern wird. Die Zeit, die er als Söldner im Heer der Cascianer diente, ist vorbei. Wenn er erst einmal Vater ist, dann wird er sich durch die Kinder verändern. Ich weiß, dass er auch gute Seiten hat. So nach und nach gleicht er sich dir bestimmt ein Stück weit an."

Antonio befürchtete, dass diese Worte nicht sehr überzeugend geklungen haben mussten, als seine Frau das Wort ergriff:

„Du wirst sehen, Rita, dass Segen auf euch liegen wird, denn du hast deine Eltern stets geehrt."

Rita erwiderte: „Wir werden ja, wenn wir im Haus von Paolo Fernando wohnen, nicht weit von euch entfernt sein. Mich freut, dass euch die Vorstellung beruhigt, dass wir uns weiterhin gegenseitig helfen können." Sie widmeten sich nun dem Abendessen und dieser Tag, der im Leben aller einen Einschnitt einleiten sollte, klang langsam still aus.

Paolo Fernando feierte die sich anbahnende Heirat bereits im Vorfeld und schwärmte alten

Kumpanen, die er auf seinen Streifzügen traf, in höchsten Tönen von der Schönheit seiner zukünftigen Braut und ihrem anziehenden Wesen. Bei der Vorstellung, dass sie schon länger das lebhafte Interesse junger Männer erregte, die sie erfolglos bewunderten, dass hingegen er – der vor noch nicht langer Zeit erst in die Heimat zurückgekehrt war – vor dem Triumph stand, sie bald zur Frau zu nehmen, schäumte er geradezu über. Auf andere Art fühlte er sich ein wenig an frühere Zeiten erinnert, als er – ein unerschrocken-verwegener Kämpfer und Reiter – herausragender Teil einer über die Söldner fremder Städte siegenden Truppe war. Nun aber hatte er viel mehr erobert: Eine Frau, von der jeder, der ihr begegnete, spürte, dass sie in vielfacher Hinsicht ungewöhnlich war.

Paolo Fernando füllte seinen Kumpanen die Becher, legte ihnen einen Arm um die Schulter, stieß an und trank in großen Zügen. Dann ballte er mit Genugtuung eine Faust und schaute in den Sternenhimmel hinauf. Eine neue Etappe seines ereignisreichen Lebens stand bevor und er triumphierte bereits im Vorfeld.

13. Kapitel

Roccaporena, im Jahre 1385 …

Als Rita und Paolo Fernando nach der Trauung in der Dorfkirche von Roccaporena auf den Vorplatz traten, war auf diesem bereits ein buntes Treiben im Gange. Verwandte und Freunde beider Familien wetteiferten mit vielen Dorfbewohnern und Schaulustigen um einen Blick auf das aufsehenerregende Brautpaar. In ihrer Eigenart bildeten sie einen auffallenden Kontrast: Auf der einen Seite die für ihre Güte, ihren Liebreiz, ihre Liebe zu den Armen bekannte Rita, die – obgleich sie attraktiv war – sich niemals in den Mittelpunkt zu stellen pflegte und auf der anderen Seite der energisch-kraftvolle und wagemutige Paolo Fernando, dem die Unternehmungslust ins Gesicht geschrieben stand, der die Herausforderung suchte und es nur natürlich fand, dass er Aufmerksamkeit auf sich zog. Zugleich fühlte er Zuneigung und Wertschätzung für Rita, deren, auch innere Vorzüge ihm nicht entgangen waren. Die Hochzeitsringe in

Form ineinandergreifender Hände gaben ihm zu denken. Sicher, jeder musste seine Aufgabe übernehmen und erfüllen, doch auch wenn Frauen Sinn für solchen Schmuck, für symbolische Zeichen hatten: Oberhaupt der Familie war *er*.

Nun aber galt es, die Feierlaune aufrechtzuerhalten. Rita musste, der Tradition gemäß, in ihr Elternhaus zurückgehen. Dort musste sie warten, bis sie von zwei seiner Freunde – samt Mitgift – abgeholt und in sein eigenes Haus gebracht werden würde. Paolo Fernando triumphierte und genoss sein Glück in vollen Zügen. Bestimmt schauten viele junge Männer ihm nun bald bewundernd, bald neidisch hinterher. Rita war ein für alle Mal für sie verloren.

14. Kapitel

Ein Monat um den anderen floss dahin und mit der Veränderung, die die Jahreszeiten mit sich brachten, bemerkte Rita auch eine zunehmende Veränderung im Verhalten ihres Mannes. Sein anfänglicher, auf sie übertrieben wirkender Enthusiasmus, war Nüchternheit gewichen, die einem raschen Stimmungswechsel unterliegen konnte. Im Hochgefühl anfänglichen Eheglücks wollte Paolo Fernando von Abenteuern mit alten Kumpanen, wilden Ausritten, ausgelassen fröhlichen Feiern nichts mehr wissen. Doch mit der Zeit bemerkte sie, dass er immer wieder das Haus ohne Angabe von Gründen verließ, heimlichtat, ihren Fragen gereizt auswich.

Eines Abends – draußen stürmte es und heftige Donner erschütterten den Nachthimmel – machte er sich zum Ausgehen bereit. Rita, von innerer Unruhe erfüllt, fragte ihn sanft:

„Wohin willst du denn bei diesem Wetter aus dem Haus gehen?"

Paolo Fernando antworte mürrisch:

„Ich treffe ein paar alte Freunde, die ich schon länger nicht mehr gesehen habe“ und schon riss er die Tür auf und schlug sie mit Wucht hinter sich zu.

Rita überkam ein ungutes Gefühl, befürchtete sie doch, dass er seine früheren politischen Händel wieder aufnahm. Sie ging zur Tür, öffnete sie vorsichtig, hörte das Geräusch herab peitschenden Regens und sah ihren Mann nicht mehr. Ein greller, weit verzweigter Blitz flammte auf. Rita brachte sich schnell im Inneren des Hauses in Sicherheit und es dauerte nicht lange, bis das Grollen eines mächtigen Donners die Stille erschütterte.

Wohin ist er bei dieser Witterung unterwegs; warum wollte er nicht mit mir im Hause bleiben? Was ist es, was er draußen sucht und was ihm hier fehlt? Er hing mir doch am Anfang an den Lippen, freute sich, wenn wir zusammen waren und sah mich oft mit Freuden an. Nun meidet er meinen Blick. Wenn ich mich sorge, braust er auf und meine Sanftmut macht ihn plötzlich heftig. Ich kann dies nicht verstehen, schien mir doch – als ich, im Blick zum Kreuz um Klarheit, Licht und Weisung bat – dass dies der Weg ist, den ich gehen soll: Geduldig sein, beharrlich für ihn beten und niemals aus der Liebe fallen. Doch irgendetwas reizt ihn, wenn ich auf einen heftigen Ausbruch seines Temperamentes mit Güte antworte. Ist er meiner Nähe, Liebe schon überdrüssig? Es ist, als säße ihm irgendwer im Nacken und triebe ihn voran und weg von mir. Was raubt ihm die innere Ruhe und verändert auf einmal seine Haltung mir gegenüber? Paolo Fernando, ach, ich meine es doch gut mit dir, will nur nicht, dass du Gefahren heraufbeschwörst und Schaden nimmst.

Rita entzündete eine Lampe, postierte sie auf einem Tisch aus Holz. Dann kniete sie in einer Ecke des größten Raumes ihres Hauses und blickte auf zu IHM am Kreuz. Sie ließ den Anblick der kunstvoll geschnitzten Figur des Gekreuzigten auf sich wirken und faltete die Hände.

„O Herr, ich fühle mich alleine und verlassen, doch was ist dies im Vergleich zu Deiner Verlassenheit am Kreuz! Ich bitte Dich für meinen Mann, bewahre ihn vor Unheil. Mir aber hilf, dass ich die richtigen Worte für ihn finde."

15. Kapitel

Fast zwei Stunden waren vergangen, als Rita sich beunruhigt ins Schlafzimmer zurückzog. Sie legte sich hin, stand jedoch bald wieder auf, während das Geräusch erneut aufkommender heftiger Regenfälle sie in ihren Gedanken unterbrach. Sie verriegelte einen aufgesprungenen Fensterladen und ging in das nahe der Haustür gelegene Zimmer zurück. Wie lange ist er nun schon außer Haus? *Wo* und *mit wem* wird er, *wozu*, unterwegs sein? Warum hat er mir nichts gesagt, vertraut er mir nicht? Oh, wenn er sich bloß nicht in Streitigkeiten rivalisierender Banden hineinziehen lässt! Er stürmte aus dem Haus, als müsse er vor mir fliehen.

Während der Regen langsam schwächer wurde, flackerten Blitze auf und es dauerte nicht lange, bis bebende Donner die Stille der Nacht durchbrachen. Rita wollte gerade um seine baldige, sichere Rückkehr beten, als ihr die Worte ins Stocken gerieten. Zwar wünsche ich, er käme bald und wohlbehalten zurück, doch insgeheim erfasst mich, bei dem Gedanken, dass er bald wiederkommen könnte, ein bedrückendes Gefühl. Wer weiß, was er erlebt hat, in welcher Stimmung er sich befinden wird …

Sie dachte an die Zeit zurück, als ihre Eltern sie im Glauben unterwiesen, erinnerte sich an Stunden, die sie auf dem Gipfel des Sacro Scoglio verbrachte, bis sie wieder vor dem Kreuz kniete. Nach einiger Zeit spürte sie starke Müdigkeit. Die Augen fielen ihr immer wieder halb zu. Sie öffnete sie wieder, bis schließlich das Licht einer Lampe erlosch und sie aufstand, um eine andere Lampe zu entzünden. Auf einmal kam es ihr vor, als habe sie ein dumpfes Geräusch, einen Schlag und dann Schritte gehört. Oder täuschte dies? Rita lauschte, hörte nichts und wollte sich gerade wieder zurückziehen, als sie eine laute Stimme hörte, die Tür aufflog und ihr Mann vor ihr stand.

16. Kapitel

Rita verhielt den Atem, fasste sich wieder, während Paolo Fernando langsam näherkam. Sie sah, dass seine Kleidung völlig durchnässt, sein Haar zerzaust, ein Umhang halb zerrissen und sein Hemd verschmiert war, als habe jemand eine halbe Karaffe Wein über ihm ausgeschüttet. Rita ging behutsam auf ihren Mann zu und wollte ihm gerade helfen, seine Oberbekleidung auszuziehen, als Paolo Fernando sie mit aufbrausender Gestik von sich wies.

„Warum liegst du nicht längst im Bett?!"

„Ich will dir nur helfen, deine nasse Kleidung …"

Ihr Mann fiel ihr ins Wort.

„Meinst du, ich brauche ein Kindermädchen, das mir beim Ausziehen hilft?!"

Er zog seinen Umhang aus, während sein Gesicht sich auf einmal verzog, als habe er bei einer Armbewegung einen Schmerz gespürt.

„Warum liegst du hier auf der Lauer, als könnte ich nicht gehen und kommen, *wann* ich *will*?!"

Rita schwankte innerlich: Sollte sie ihm ein Handtuch bringen oder würde dies nur weiteren Unmut in ihm provozieren?

„Was stehst du da und rührst dich nicht? Mach schon, bringe mir ein Handtuch; siehst du nicht, dass ich ganz durchnässt bin?!"

Rita eilte in den Nebenraum, brachte ihm ein Handtuch und reichte es ihm.

„Worauf wartest du? Trockne mich schon ab oder soll ich mir eine Lungenentzündung holen?" Rita begann ihn abzutrocknen und fragte ihn leise:

„Soll ich nachher etwas Feuer entzünden?"

Ihr Mann entriss ihr das Handtuch und schaute ihr tief prüfend in die Augen.

„Was hast du die ganze Zeit in meiner Abwesenheit gemacht?"

Rita war sprachlos. *Er* verschwand, sagte nicht wohin und wozu und nun fragte er *sie* aus? Sie bemühte sich, dennoch ruhig zu bleiben.

„Ich habe mich erst hingelegt, konnte nicht schlafen, da es heftig blitzte und donnerte und"

„Und?"

„Ich habe mich um dich gesorgt und habe gebetet."

Ihr Mann gestikulierte heftig, während Zorn in ihm aufstieg.

„Reicht es dir nicht, wenn du in der Kirche betest?! *Was* willst du damit sagen: Als wäre ich auf ‚Abwegen', als müsstest du mir deine Gebete wie eine Anstandsdame hinterherschicken?"

Rita bemühte sich ruhig zu bleiben, sie stammelte:

„Ich, ich meine es nur gut, ich will doch nur …"

Ihr Mann schleuderte das Handtuch weg, kam näher und sah ihr mit unruhig hin und her flackernden Augen ins Gesicht.

„Nun werde ich dir einmal sagen, was *ich* will: Eine Frau, die nicht so tut, als müsste sie auf mich aufpassen! Eine Frau, die weiß, was ihre Aufgabe und wo ihr Platz ist, die alles tut, damit ihr Mann sich an ihr erfreut!"

Rita holte ein neues Hemd aus dem Schrank und wollte ihm beim Anziehen helfen, doch er schob sie zurück.

„Stelle mir lieber noch etwas zu essen und zu trinken auf den Tisch."

Rita ging in den Nebenraum und es dauerte nicht lange und der Tisch war, nach seinem Wunsch, gedeckt.

17. Kapitel

Paolo Fernando machte sich hastig über Speisen und Trank her, während er seine Frau kaum noch beachtete. Rita legte sich hin, hörte, wie ihr Mann bald in Selbstgespräche verfiel, bald hellauf lachte, bis sie sich auf einmal an Worte ihres Vaters erinnerte: „Du wirst sehen, dass sich dein Mann durch deinen guten Einfluss mit der Zeit verändern wird. Wenn er Vater wird, dann wird er durch die Kinder ein anderer Mensch. Ich weiß, dass er auch gute Seiten hat.“

Sicher, Paolo Fernando hat auch gute Seiten, nur warum zeigte er sie seit einiger Zeit kaum noch? Wie oft hatte sie sich um Liebe und Güte bemüht, eine Beschimpfung vergessen. Oh, Herr gib mir Geduld und Kraft.

So ging Monat um Monat dahin. Wie oft lag sie bis in die Nacht hinein da, in tiefer Sorge und Angst um ihn. Wenn er dann plötzlich wiederauftauchte, sie manchmal auch lautstark aus dem Schlaf riss, machte *er* ihr Vorwürfe, obwohl sie ihm sein Verhalten gar nicht vorhielt.

Sah er in ihr einen Spiegel, der ihm sein eigenes Bild zurückwarf? Über die Aktivitäten, denen er nachging, verlor er kein Wort, doch als sie einmal Schnittwunden in seinem Arm und Blutspuren entdeckte, erschrak sie sehr. Kaum war er außer Haus, kniete sie vor dem Kreuz. Auch tagsüber betete sie oft lange Zeit und opferte ihr eigenes Leid in Vereinigung mit den Leiden Jesu Christi für ihren Mann auf.

Paolo Fernando sagte sie davon nichts und doch schien er auf für sie unerklärliche Art und Weise zu spüren oder zu ahnen, dass sie für ihn betete. Die beabsichtigte Wirkung trat zunächst nicht ein, im Gegenteil. Je mehr sie betete, so kam es ihr vor, desto gereizter wurde er und doch sagte ihr eine innere Stimme, dass sie dies dennoch fortsetzen solle. Als sie an einem späten Nachmittag aus der Kirche nach Hause kam, stand er zu ihrer Überraschung plötzlich vor ihr. Als sie näherkam, spürte sie, dass irgendetwas in der Luft lag und ahnte nichts Gutes. Als habe sich lange etwas in ihm angestaut, brach es aus ihm hervor:

„Dein Mann kommt nach Hause und *wer* ist nicht da, vernachlässigt seine Pflicht? Soll ich raten, wo du warst?“

Er setzte eine spöttische Miene auf.

„Ich dachte immer, eine Ehefrau hat einzig ihrem Mann treu zu sein. *Du* hingegen willst auch noch der Kirche „treu" sein."

Rita war tief betrübt, doch sie bemühte sich, dies nicht zu zeigen. Ihr Mann hakte nach:

„Als ich dich heiratete, da wollte ich einfach eine hübsche junge Frau, die für mich da ist und mit der zusammen ich das Leben genießen kann. Ich wollte keine *Betschwester*."

Rita erinnerte sich blitzartig an die ineinandergreifenden Hände, die symbolische Darstellung auf ihrem Hochzeitsring und ein Gefühl tiefer Niedergeschlagenheit überkam sie. Doch sie mobilisierte ihre inneren Kräfte und gab die Hoffnung nicht auf. Sie sprach mit so viel Zuneigung, wie sie nur konnte: „Es tut mir leid, wenn du auf mich gewartet hast. Ich werde gleich etwas zum Essen richten, ja? Nimm doch schon Platz, ich komme bald." Mit Paolo Fernando ging eine erstaunliche Veränderung vor. Er wurde auf einmal still und als ob nichts vorgefallen wäre, setzte er sich friedlich an den Tisch.

18. Kapitel

Der Himmel über Roccaporena war längst dunkel und strömender Regen fiel herab, als Rita wieder einmal alleine war und vor dem Kreuz kniete. Ich weiß, dass er – wenn nicht die andere Seite die Oberhand gewinnt – auch Gutes in sich hat, großzügig sein kann. Sie erhob ihren Blick zum Gekreuzigten und legte all ihre Kraft und Liebe in ihr Gebet hinein, empfahl Paolo Fernando der barmherzigen Liebe Jesu, die – dies glaubte sie felsenfest – auch das Herz ihres Mannes ergreifen und verwandeln konnte.

Als Paolo Fernando über eine Stunde danach nach Hause ritt, empfand er widerstreitende Gefühle. Sobald sein Pferd angebunden war, kam er langsam näher, sah das Licht einer Lampe, das aus dem Inneren des Hauses drang. Er ging nochmals, und wie auf Zehenspitzen, einige Schritte auf das Fenster zu, verbarg sich am Rande des Fensters und schaute vorsichtig hinein. Nun erkannte er seine Frau, sah, dass sie kniete, betete und nun sah er auch deutlich, dass sie weinte. Schlagartig begriff er, dass er selbst der Grund ihrer Tränen war und schnell ablaufende Erinnerungsbilder stellten ihm in aller Deutlichkeit Szenen vor Augen, die ihn mit Rita zeigten. Paolo Fernando, zutiefst erschüttert, fasste sich mit beiden Händen an die Schläfen, während er in Tränen ausbrach.

„Rita, einsam, von mir verlassen, verlacht und beleidigt, nicht geschätzt und mit Undank behandelt und *sie*, *sie* verzeiht, betet für mich und weint *über mich*!“

Paolo Fernando klopfte mehrmals an die Tür, kam, als Rita ihm öffnete, mit einem verweinten Gesicht herein, erhob seine Hände und stammelte:

„Vergib mir!“ Rita, zutiefst ergriffen, umarmte ihn.

„Paolo Fernando, beruhige dich, ich habe dir doch längst verziehen. Ich weiß doch, dass du im Grunde ein gutes Herz hast. Alles ist vergessen. Beginnen wir von Neuem, ja? Alles ist gut.“

19. Kapitel

Um das Jahr 1390 …

Rita sah mit Freuden die Veränderung, die mit ihrem Mann, auch seit der Geburt ihrer Söhne Paolo-Maria und Giovanni, vorgegangen war. Er konnte sich kaum sattsehen an den Gesichtern seiner Söhne, deren Gesichtszüge er immer wieder mit seinen eigenen verglich. Doch manchmal sah er in ihnen auch das Erbe seiner Frau. Ein wichtiges Ziel seines Lebens war erreicht, *sein* Name würde weiter fortbestehen, er selbst in seinen Söhnen fortleben. Jede Veränderung, die in den nächsten Monaten mit ihnen vorging, beobachtete er interessiert. Gaben sie Laute von sich, war er vom Klang ihrer Stimme entzückt und wenn er Rita auch nicht mehr, wie in der Anfangszeit, „auf Händen trug", so zeigte er ihr gegenüber doch deutlich mehr Rücksicht. Er verbrachte viel Zeit mit seinen Söhnen, erzählte ihnen – auch wenn sie ihm noch gar nicht folgen konnten – Geschichten aus seinem wild-bewegten Leben. Durch ihren Anblick fühlte er sich verjüngt und wurde nicht müde, ihnen zuzuschauen, wenn sie Arme und Hände bewegten, sich staunend umsahen oder – auf der Suche nach irgendetwas – ins Leere griffen.

„Sieh nur, wie ernst er schaut und wie sein Kinn so scharf geschnitten ist. Ich sage dir, er wird – genau wie sein Vater – einst von sich reden machen. Sein Bruder kommt ein wenig mehr auf dich heraus. Obwohl, schau her, wie er die Brauen in die Höhe zieht. Sie werden willensstark und fest entschlossen sein, zu kämpfen wissen. Ich kann es kaum erwarten, bis sie größer geworden sind."

Rita freute sich darüber, dass Paolo Fernando nun in deutlich besserer Stimmung war und seine Söhne ihn beschäftigt hielten. Doch wurde es, für vier Personen, nicht langsam etwas eng in ihrem Haus? Sie hütete sich aber, irgendetwas darüber zu sagen, lag ihr doch sehr daran, dass der Friede – ein zerbrechliches Gut – nicht gestört werde.

20. Kapitel

Als habe ihr Mann ihre Gedanken gelesen, sprach er sie eines Tages darauf an:

„Rita, ich glaube, uns allen wird es langsam zu eng in diesem Haus. Lass uns in die nahe gelegene Mühle ziehen, die unserer Familie gehört."

Sie sah ihn freundlich an, stimmte sogleich zu und sah der neuen Heimat schon mit Vorfreude entgegen. Ihr Mann aber ging erst einmal voraus, um vor Ort in Erfahrung zu bringen, wie weit die Mühle bewohnbar war und ob erst noch einiges in Stand gesetzt werden musste.

In der Mühle zu leben, würde ihr Leben erleichtern. Für ihre Söhne bliebe mehr Platz zum Spielen, überdies würden sie die Mühle bewirtschaften und selbst Brot backen können! Rita fühlte, nach all den schweren Stunden der letzten Jahre, eine in Dankbarkeit mündende Erleichterung. All ihre Gebete waren nicht umsonst. Manchmal sah man freilich nicht, wie eine gute Saat aufging. Gebete blieben – scheinbar – ohne Antwort und in der Zeit der

Prüfung konnte es einem so vorkommen, als habe sich alles gegen einen verschworen. Nun aber lebte sie in dem beglückenden Gefühl, dass eine neue Zeit angebrochen war, in der sie aufatmen durfte.

21. Kapitel

Als Paolo Fernando früheren Gegnern ins Auge blickte, wichen diese instinktiv einen Schritt zurück. Gleich darauf umgriffen sie ihre Waffen und gingen mit erhobenem Haupt und herausforderndem Blick auf ihn zu. Paolo Fernando, der sie – ohne Voranmeldung – aufgesucht hatte, erhob seine Hände in einer Geste der Wehrlosigkeit, senkte den Blick und sprach:

„Ich komme nicht als Gegner, bin unbewaffnet – wie ihr sehen könnt – und bin nicht mehr derselbe."

Sein Gegenüber, ein stämmiger, vor Kraft strotzender Mann, dessen Gesicht auf Schläue und Rücksichtslosigkeit schließen ließ, sah seinen Nebenmann an und bemerkte ironisch:

„Nicht mehr derselbe? Was meinst du: Mir kommt es ganz so vor, als sei dies Paolo Fernando Mancini, wie er leibt und lebt."

Sein Begleiter, dessen Augen in scharfer Beobachtung hin und her gingen, gab zurück:

„In der Tat, nach einem Geist sieht er nicht aus. Nur frage ich mich, wo er unterwegs seine Waffe gelassen hat. *Dies* sieht ihm jedenfalls gar nicht ähnlich!"

Ihr Besucher bat mit einer Geste um das Wort, eine Bitte, die ihm gewährt wurde. „Dass ich keine Waffe trage, geschah bewusst. Ich habe mich von meinem früheren Leben losgesagt, bin all der Streitereien und Kämpfe, der Gewalt, vergossenen Blutes überdrüssig und nicht mehr stolz auf vieles, was ich tat. Ich kannte, wenn ich Gewalt verübte, keine Skrupel. Doch meine Frau und die Geburt meiner Söhne haben mich gelehrt, das Leben mit anderen Augen zu sehen. Gewalt führt wieder zur Gewalt und dieser Kreislauf nimmt kein Ende. Es gibt nur scheinbar Sieger, denn im Grunde verlieren alle. Ich habe mir und anderen das Leben oft schwer gemacht, mich selbst mit großer Schuld belastet und ließ mich oft für Taten feiern, die andere zum Weinen brachten. Nun bitte ich euch von Herzen um Vergebung und dass wir von nun an die Waffen ruhen lassen, Frieden schließen. Ich bin bereit, ein neues Kapitel aufzuschlagen: Reicht ihr mir hierzu eure Hand?"

Seine früheren Gegner dachten zunächst, sie hörten nicht recht. Nach einer Bedenkzeit, in der sie sich besprachen, wobei sie ihm den Rücken zudrehten, sagte ihr Wortführer:

„Einverstanden! Auch für uns wäre das Leben leichter, wenn wir uns nicht mehr mit dir herumschlagen müssen, doch sage uns: Sind wir die Einzigen oder wirst du noch weiteren früheren Feinden Frieden anbieten?“

„Ja, das habe ich fest vor. Dazu bin ich heute aus dem Haus gegangen und werde ich mich gleich auf den Weg machen.“

22. Kapitel

Im Jahre 1401 …

Der Anführer einer sich lautstark ereifernden Gruppe von Ghibellinen erhob resolut einen Arm und die aufgeheizte Stimmung dämpfte sich ein wenig. Nun ergriff er das Wort und ließ seine schneidende Stimme hören:

„Wir Ghibellinen rüsten zum unvermeidlichen Aufstand und *wer* weigert sich, das Schwert zu ergreifen? Wir alle kennen seinen Namen: Paolo Fernando Mancini: Einst war er ein kühner Kämpfer für die gerechte Sache, doch *nun*, wo jeder starke Arm, der ein Schwert schwingen kann, gebraucht wird, weigert er sich!“

Er legte, um seinen Worten mehr Nachdruck zu verleihen, eine Kunstpause ein, um seine Rede danach mit verächtlich klingendem Unterton fortzusetzen:

„Er weigert sich, er zieht es vor, ‚im Kreis seiner Lieben‘, in seiner Mühle ein idyllisches Leben zu führen. Ich frage euch: *Wie* nennt man einen solchen Mann? Ich sage es euch: *Verräter*!“

Sogleich erhob sich ein zustimmendes, wildes Gejohle und die Bezeichnung „Verräter“ hallte immer wieder durch die Luft. Ihr Anführer sorgte wieder für Ruhe. Dann winkte er alle näher herbei und verkündete, wann und wo ihre nächste Zusammenkunft stattfinden würde. Dabei, so sagte er bedeutungsvoll, müssten natürlich auch mögliche Konsequenzen für diesen Verrat erörtert werden.

Um das Jahr 1410 …

Ihre Söhne schliefen schon, als Paolo Fernando nach Hause in die Mühle zurückkehrte. Seine Frau eilte ihm entgegen und erkannte sogleich an seinem Gesicht, dass er über irgendetwas in großer Sorge war. Sie begleitete ihn zum Tisch, auf dem bereits Speisen und ein Getränk bereitstanden und nahm mit ihm Platz. Ihr Gefühl sagte ihr, dass es besser sei, wenn sie ihn erst einmal sich in Ruhe stärken ließ und so richtete sie keine Fragen an ihn. Nach dem Essen stand er auf einmal auf, ging in einen Nebenraum, in dem Rita hantierte und erzählte ihr aufgeregt:

„Vorhin komme ich an einer Gruppe von Männern vorbei – ich glaube nicht, dass mich jemand erkannte – als sie plötzlich still werden. Als ich an einer Hausecke vorbeigehen will, fällt mir eine Münze aus der Hand. Ich hebe sie auf, sehe im Rückblick, dass sie sich wieder besprechen. Ich lausche und höre deutlich, dass auf meinen früheren Hauptmann, Lorenzo von Collegiacone, ein Anschlag geplant ist." Rita legte eine Hand auf ihr Herz, während sie zutiefst beunruhigt wurde. Sie wollte etwas sagen, doch ihr Mann kam ihr zuvor:

„Ich *muss* sofort zu ihm reiten, ihn dringend warnen!"

Rita rang mit den Händen, flehte ihn an:

„Bitte, halte dich heraus. Ich fürchte sehr, dass du in etwas verwickelt wirst, was dir schwer schaden oder zum Verhängnis werden kann."

Ihr Mann kam näher, ergriff ihre Hände:

„Ich bin ihm zu Dank verpflichtet und *muss* ihn vor diesem hinterhältigen Plan warnen. Es geht um Leben oder Tod, es ist ein Dienst an einem Freund."

Rita erkannte seine guten Absichten und gab ihren Widerstand auf.

„Ich verspreche dir, dass ich nur dies tun werde: Ihn eindringlich vor der Gefahr warnen. Ich konnte nicht hören, an welchem Tag sie diesen Anschlag planen, aber ich fürchte und glaube, es wird bald sein. Lorenzo von Collegiacone war immer gut zu mir. Auch wenn er manchmal Härte zeigte, dann nur im Hinblick auf ein Ziel, von dem er annahm, dass es uns allen dienen werde. Mehr als einmal hat er mich aus einer Gefahr gerettet und diesmal ist es an mir. Ich verspreche dir, ich bin bald wieder zurück!“

Rita zeichnete ihm ein Kreuz auf die Stirn, ging mit zur Tür und sah ihm hinterher, wie er sein Pferd zur Eile antrieb und bald aus ihrer Sicht verschwand.

23. Kapitel

Rita war zumute, als läge ein Gewicht auf ihr. Sie schloss die Tür, ging unruhig im Raum auf und ab, während die Worte ihres Mannes wie ein fernes Echo in ihr widerhallten: „Ich verspreche dir, dass ich nur *dies* tun werde: Ihn vor der Gefahr warnen, diesmal ist es an mir. Ich verspreche dir, ich bin bald wieder zurück!“
Rita rieb ihre Hände, versuchte vergeblich sich zu beruhigen und zündete eine Lampe an.

Wie lange wird es dauern, bis er bei diesem Hauptmann ist? Und wenn er ihn gar nicht antrifft? Dann wird er schneller wieder hier sein. Hoffentlich sieht, erkennt und folgt ihm niemand. Er ist ein sehr guter und geübter Reiter, aber andere auch. Selbst wenn ihn jemand sieht: Woher wollen sie wissen, dass er den Hauptmann vor einem geplanten Anschlag warnen will? Sie können ja gar nicht wissen, dass er es weiß.

Sie bemerkte, dass ihre Gedanken, vor lauter Aufregung, durcheinandergerieten. Aber sie wissen, zu welcher Partei dieser Hauptmann gehört und zu welcher mein Mann gehörte. Auch ist bekannt, dass er sich weigerte, die Waffen zu ergreifen. Aber, mit diesen Grübeleien ist ihm und mir jetzt auch nicht gedient.

Rita näherte sich dem Kreuz an der Wand, kniete, blickte zu dem Gekreuzigten auf und schloss alle ihre Sorgen und Ängste in ein intensives Gebet ein. Als ihr der Vers eines Psalms in Erinnerung kam, fühlte sie eine starke innere Unruhe: „Muss ich auch wandern in finsterer Schlucht, ich fürchte kein Unheil." In finsterer Schlucht … Fürchte kein Unheil … Oh doch, insgeheim fürchte ich genau dies.

24. Kapitel

Sein früherer Hauptmann, Lorenzo von Collegiacone, begleitete ihn bis zum Ausgang und klopfte ihm anerkennend auf die Schulter.

„Ich wusste immer, dass auf dich Verlass ist. Danke, dass du mich vor dem geplanten Anschlag gewarnt hast. Dies werde ich nicht vergessen und wenn ich etwas für dich tun kann, so lass es mich wissen. Doch bleibe doch noch etwas hier, dir soll es an nichts fehlen."

Sein Besucher schüttelte den Kopf.

„Es tut mir leid, ein anderes Mal. Ich habe meiner Frau versprochen, dass ich nicht lange bleibe."

Die beiden sahen sich noch einmal an, bevor Paolo Fernando mit zügigen Schritten zu seinem Pferd ging, es rasch losband, sich in den Sattel schwang und eilig davonritt.

Rita, erneut von großer Unruhe erfasst, ging nochmals vor dem Kreuz in die Knie, erhob ihre geöffneten Hände und betete aus tiefstem Herzen:

„*Bitte*, hilf ihm, dass er bald sicher nach

Hause kommt. Ich lege ihn in Deine Wunden und."

Wunden … Rita erschrak, während in ihrem Inneren schon wieder eine dunkle Wolke aufzog. Sie atmete schwer, intensivierte ihr Gebet:

„Sende ihm deine Engel, in Deine Hände, empfehle ich …"

Hatte sie soeben nicht ein Geräusch gehört, das von draußen kam: Den Galopp seines Pferdes? Rita lauschte angespannt, doch nun hörte sie nichts. Es wird der Wind gewesen sein, der gegen einen Laden schlug. Paolo Fernando, lass mich nicht länger warten. Ich weiß, deine Absicht war gut und dass du dabei dein Leben … Rita hielt erschrocken inne, versuchte vergeblich sich zu beruhigen, faltete erneut ihre Hände und blickte zum Gekreuzigten auf. Ihr war, als fühle sie nun seine Verlassenheit am Kreuz in besonderer, sie zutiefst erschütternder Weise und ein furchtbar beängstigendes Gefühl legte sich wie ein Albtraum auf sie.

Paolo Fernando gab seinem Pferd mit aller Kraft die Sporen, trieb es mit allen Mitteln zur Eile an und blickte dabei hinaus an den Horizont, der rasch dunkel geworden war. Nach Roccaporena war es nicht mehr weit und ihn beruhigte zu wissen, dass er eine Pflicht erfüllt und zugleich ein Versprechen gehalten hatte. Er war nicht rückfällig geworden, hatte sich nicht wieder in alte Auseinandersetzungen verwickeln lassen. Nun aber sehnte er sich nur noch danach, wieder zuhause zu sein, seine Frau wiederzusehen, die aus ihm einen anderen Menschen gemacht hatte.

An einem alten, verlassen in der Dunkelheit stehenden Turm standen drei – zur Hälfte durch Kapuzen verhüllte – Männer dicht zusammen, hielten gespannt Ausschau. Einer von ihnen, ihr Anführer, blickte hektisch von einem zum anderen, flüsterte:

„Nun kann es nicht mehr lange dauern. Als er sich mit dem Hauptmann zum Abschied noch besprach, bin ich mit meinem Pferd sogleich davon gesprengt."

„Bist du sicher, dass er unbewaffnet ist?"

„Ja, dies wusste ich und habe es mit eigenen Augen gesehen. Dahinter steckt seine Frau, die ihm damit einen schönen Dienst erwiesen hat."

Als sie auf einmal das Geräusch von auf dem Boden aufschlagenden Hufen hörten, drehten sie sich rasch um, sahen ein heran galoppierendes Pferd.

„Da kommt er! Aufgepasst! Macht euch bereit und wartet auf mein Zeichen!“

Als sie – von zwei Seiten – aus dem Hinterhalt hervorstürzten, erkannte Paolo Fernando sofort die Gefahr. Einer der drei war direkt auf das Pferd zugelaufen, das sich aufbäumte und seinen Reiter abwarf. Nun stürzten sie sich von allen Seiten auf ihr Opfer, riefen „Verräter!“ und besonders einer von ihnen stach in wilder Wut auf ihn ein.

Paolo Fernando, schwer getroffen, erkannte ein Gesicht, während weitere, heftig geführte Stiche ihn in Todesnähe brachten. So schnell, wie sie aufgetaucht waren, verschwanden die drei in der Dunkelheit und ließen ihr Opfer, das sie tot glaubten, zurück.

Wenige Minuten danach kam ein Reiter an dieser Stelle vorbei, entdeckte einen auf dem Boden liegenden, blutüberströmten und mit dem Tode ringenden Mann. Er stieg, so schnell er nur konnte, herab, beugte sich zu ihm und sah, dass Paolo Fernando ihm noch etwas mitteilen wollte. Er näherte sich ihm an, hörte gut zu, prägte sich alle Worte ein und ritt, so schnell er nur konnte, zu Rita Mancini.

25. Kapitel

Rita hörte, dass ein Reiter nahte – *Paolo Fernando!* – eilte zur Tür, sah aber einen ihr fremden Mann auf sich zukommen. Sie erschrak zutiefst, ging mit schweren Schritten auf ihn zu, während sie eine furchtbare Vorahnung zermalmte.

„Wer sind …, warum, wo ist, Paolo Fernando, wo ist … mein Mann?!“

Der Fremde, von Mitleid ergriffen, erzählte ihr alles in gebotener Eile. Rita, von diesem schweren Schlag wie benommen, kam es vor, als bliebe die Zeit stehen. Doch vielleicht lebte er ja noch, sie mussten, so schnell wie möglich, zu ihm!

Als sie eintrafen, war ihr Mann noch am Leben. Rita, zutiefst erschüttert, beugte sich zu ihm, strich ihm liebevoll über die Stirn und die Wangen und während sie innerlich für ihn betete, näherte sie ihr Ohr seinen Lippen an.

„Rita, ich danke dir für alles. Kümmere … dich gut … um unsere Söhne. Ich habe … meinem Mörder vergeben … sein Name ist …“

Sie kam noch näher, hörte den Namen und stieß einen herzzerreißenden Schrei aus, denn Paolo Fernando war soeben von ihr gegangen. Rita beugte sich über ihn, umklammerte, küsste ihn, zeichnete ihm ein Kreuz auf die Stirn und weinte bitterlich. Nach einiger Zeit erhob sie sich, dankte dem Fremden, der ihr sein Beileid aussprach und fragte, ob er noch etwas für sie tun könne. Rita verneinte und, auf ihren Wunsch hin, verließ er sie.

Beim Gedanken an ihre Söhne, denen sie diese furchtbare Nachricht überbringen musste, wurde sie erneut vom Schmerz überwältigt. Doch im Anblick des blutdurchtränkten Hemdes ihres Mannes lief ein anderer Gedanke in großer Geschwindigkeit in ihr ab. Das Hemd, ich *muss* es unbedingt verbergen, im Anblick all des Blutes ihres Vaters werden sie auf Rache sinnen. Rita überlegte, bis ihr eine Idee kam, wie und wo sie das Hemd sicher vergraben könne. Sobald dies, von vielen Tränen begleitet, erledigt war, ging Rita den schweren Gang nach Hause. Kaum betrat sie das Zimmer ihrer Söhne, als erst Paolo-Maria, dann Giovanni erwachten. Es dauerte nicht lange und sie erkannten an den Gesichtszügen und der gebeugten Haltung ihrer Mutter, dass etwas Furchtbares geschehen sein musste.

26. Kapitel

Einige Tage waren vergangen …

Rita, die am Verlust ihres Mannes schwer trug, sah, dass die Mienen ihrer Söhne sich verfinsterten. Im Hause standen sie oft zusammen, besprachen sich leise. Sobald sie ihre Mutter sahen, verstummten sie. Tage danach wurde sie von ihren Söhnen von beiden Seiten bedrängt:

„Wir wollen, *müssen* wissen, *wer* es war, dies sind wir unserem Vater schuldig, den man – aus feigem Hinterhalt – ermordet hat! Auf dieses Verbrechen kann es nur *eine* Antwort geben: Rache!"

„Sag uns den Namen seines Mörders, du kennst ihn doch?! Wir werden nicht ruhen, bis sein Blut durch das Blut seines Mörders gerächt ist."

„Nicht wir sind es, die Blutvergießen wollten: Sein Mörder wollte dies und *er* allein ist schuldig, wenn weiteres Blut vergossen wird!"

Rita sah ihre Söhne eindringlich an und verschaffte sich mit Mühe Gehör:

„Hört auf! Lasst *nicht* dem Durst nach Rache freien Lauf! *So* habe ich euch nicht erzogen.“

Sie lenkte ihre Blicke zum Kreuz und zeigte auf den Gekreuzigten.

„Seht hin auf IHN, auf Gottes Sohn, der unschuldig sein Leben hingab, der noch am Kreuz vergab, für seine Mörder betete und“

Giovanni unterbrach sie heftig:

„Du sagst es: ER – doch *wir* sind Menschen, Söhne, denen man den Vater grausam entrissen hat und niemand, auch nicht „Vergebung“, gibt ihn uns zurück!“

Sein Bruder erhob seine Stimme:

„Das Verbrechen, das man an meinem Vater, das Unrecht, das man an uns beging, sie schreien zum Himmel. Dies wehrlos hinzunehmen, hieße, dass sich ein Mörder noch bestätigt fühlt. Sag uns seinen Namen, damit an ihm geschieht, was er verdient hat!“ Rita seufzte laut auf, setzte sich und schlug die Hände über dem Gesicht zusammen.

27. Kapitel

Paolo Mancini, der Vater ihres ermordeten Mannes, stand mit zusammengekniffenen Lippen, nach vorn gerecktem, dominant wirkendem Kinn und einem finster wirkenden Gesichtsausdruck vor ihr. Er verschränkte die Arme hinter dem Rücken, ging ein paar Schritte im Raum auf und ab. Als er wieder stehenblieb, fixierte er Rita mit argwöhnischem Blick. Er holte tief und hörbar Luft und kam näher. Ein von Leid gezeichneter Mann stand vor ihr, doch noch mehr sprang feste Entschlossenheit ins Auge.

„Ich kenne deinen Sermon zur Genüge: Den *Namen* seines Mörders will ich! Dies fordere nicht nur ich, sondern meine Familie. Ich wiederhole es nochmals: Vorhin habe ich dir den Namen eines Mannes genannt, in dem wir seinen Mörder vermuten."

Er ließ einige Sekunden verstreichen, sah, dass sie nicht reagierte und sprach deutlich lauter:

„War *er* es?! Sag schon!"

Rita mobilisierte letzte Kräfte und sprach:

„Paolo, ein neuer Kreislauf tödlicher Gewalt bringt allen nur Unheil. Deshalb *muss* ich dies unbedingt verhindern. Schon längst floss viel zu viel Blut. Ich darf nicht zulassen, dass meine Söhne mit einem weiteren Verbrechen die irdische Gerichtsbarkeit herausfordern und ihr ewiges Seelenheil gefährden. Gewalt sät Gewalt und Rache gebiert nur neue Rache, eine endlose Spirale sinnloser Zerstörung."

Paolo Mancini schaute sie befremdet an, schüttelte den Kopf.

„Wer sprach von *deinen* Söhnen? *Meine* Familie will den Namen wissen und wird alleine in die Hand nehmen, was zu tun ist. Und außerdem: Sinnlose Zerstörung? In der Tat! Das Leben meines Sohnes wurde auf sinnlose und grausame Weise genommen. Du sprichst von einem ‚Kreislauf tödlicher Gewalt': Haben *wir* ihn etwa begonnen?! Doch ich sehe schon, dass man mit dir – zumindest heute – nicht zu einer Verständigung gelangt. Wenn ich dich jetzt in Ruhe lasse, so nur, weil du – genau wie ich – am Tode meines Sohnes so schwer trägst."

Er kam nochmals näher, sah sie durchdringend an und raunte:

„Doch glaube mir: Ich komme wieder!"

28. Kapitel

Als Paolo-Maria und sein Bruder Giovanni in Cascia unterwegs waren, wurden sie von einem Mitglied der Familie ihres ermordeten Vaters entdeckt. Der junge Mann rief ihnen laut zu und brachte sie mit einer Geste seiner erhobenen Hand zum Stillstand.

„Wie gut, dass ich euch treffe, will ich doch schon seit Tagen mit euch reden. Paolo-Maria, Giovanni, euch beide und unsere Familie, uns alle hat ein schwerer Schlag getroffen. So ist es kein Wunder, wenn wir näher zusammenrücken. Kommt, gehen wir an einen ruhigen Ort, dort drüben wird uns niemand stören. Ich halte euch nicht lange auf."

Kaum saßen sie auf einem Mauervorsprung und hatten sich vergewissert, dass es keine Augen- und Ohrenzeugen gab, als der Neffe des Ermordeten den Faden wieder aufnahm:

„Der Vater eures Vaters hat mir berichtet, dass er umsonst bei eurer Mutter vorsprach. Wir sind uns mittlerweile alle sicher, dass sie den Namen des Mörders kennt. Auf diese Tat, aus feigem Hinterhalt verübt, *kann es* nur *eine*

Antwort geben: Rache! Dies sind wir eurem Vater schuldig. Ich weiß, dass ihr dies ganz genauso seht. Wir haben zwar einen Verdacht, doch sind wir uns nicht ganz sicher, ob er der Täter ist. Ein Freund der Familie, der ihn kennt, zieht es überdies in Zweifel. Wir können nicht riskieren, Rache an ihm zu üben, wenn sich später möglicherweise herausstellen sollte, dass er doch nicht der Täter war."

Paolo-Maria und Giovanni sahen ihn fragend an. Worauf wollte er hinaus? Ihr Begleiter rückte näher, sprach eindringlich und in erhöhtem Tempo:

„Eure Mutter *muss* den Namen preisgeben! Jeder Hauptmann eines Söldnerheeres kennt dies: Man belagert eine Stadt von allen Seiten, sie wehrt sich, ringt und kämpft, doch wenn eine um die andere Angriffswelle rollt, gibt sie irgendwann auf und öffnet resigniert die Tore. Ich weiß, dass ihr euren Vater geliebt habt und alles tun werdet, damit den Schuldigen und möglichst auch noch seine Helfer die verdiente Rache ereilt: Geht nochmals zu eurer Mutter und *verlangt*, dass sie uns *endlich* den Namen des Mörders offenbart!"

Als Paolo-Maria und Giovanni ihre Mutter wenige Stunden danach wieder zu Gesicht bekamen, versuchten sie es noch einmal, vergeblich.

„Ich habe dem Mörder eures Vaters, mit Gottes Hilfe, vergeben. Das ‚Gesetz der Rache' führt nur zu weiterem Leid, hilft niemand! Noch einmal sage ich: Schaut auf zu IHM, der am Kreuz für uns sein Leben hingab. Er lehrte uns ein ganz anderes Gesetz: Die *Liebe*, die Vergebung, die einen neuen Anfang möglich machen: Böses wird nur durch Gutes geheilt und *niemals* heilt man Wunden durch Rache!"

Ihre Söhne erkannten, dass Worte hier nicht weiterführten und so zogen sie sich zurück, um sich nochmals zu besprechen. Rita hingegen sah klar, dass Paolo-Maria und Giovanni nicht gewillt waren, auf sie zu hören und so bedrückte sie, bei Tag und bei Nacht, eine schwer auf ihr lastende, große Sorge. Sobald sie am selben Abend alleine war, zog sie sich wieder vor das Kreuz zurück und betete für ihre Söhne und ihren verstorbenen Mann. Während eine Erinnerung an ihn lebhaft vor ihr stand, fühlte sie sich auf einmal innerlich erleichtert, denn es erfüllte sie die innere – von einem Gefühl des Friedens begleitete – Gewissheit, dass seine Seele für die Ewigkeit gerettet war.

29. Kapitel

Paolo Mancini, an einem langen, dunklen und kunstvoll geschnitzten Tisch von zahlreichen Mitgliedern seiner Familie umgeben, ergriff das Wort:

„Rita hat für den Mörder meines Sohnes viel übrig, Uns hingegen verweigert sie die Auskunft, während sie sich schützend vor ihn stellt."

Er schüttelte seinen mächtigen, von grau-schwarzem Haar bedeckten Kopf und schlug mit einer Faust auf den Tisch:

„Steht für sie etwa *der Täter* im Mittelpunkt?"

Einer seiner Söhne spießte einen Apfel mit einem langen Messer auf und ließ seine sonore Stimme hören:

„Wir haben immer wieder versucht, ihr den Namen des Mörders zu entlocken, damit das ungeschriebene Gesetz der Rache erfüllt werden kann. Auch ihre Söhne haben sie bedrängt, doch sie hüllt sich eisern in Schweigen!"

Sein älterer Bruder schaltete sich ein:

„Hat sie sich je gefragt, wie *wir* uns fühlen? Wie kann sie dulden, dass dieser niederträchtige, ruchlose Mord nicht so bestraft wird, wie es sich gehört?!"

Ringsum gab man seine Zustimmung zu erkennen, bis sein Nebenmann das Wort ergriff:

„Moment mal; Sie wohnt doch mit ihren Söhnen in der Mühle, die *uns* gehört."

Er blickte das Oberhaupt der Familie an, während ein Grinsen über sein Gesicht lief. „Wie wäre es, wenn sie daraus vertrieben wird? Ihre Söhne hätten es zwar nicht verdient, doch *sie*!"

„Warum kam ich nicht selbst darauf? So übersieht man manchmal, was ganz nahe liegt, Ja, so soll es sein: Wir werden sie nicht länger in *unserem* Besitz dulden! Die Achtung, die wir einst für sie empfanden, sie hat sie längst verwirkt."

Rita erwachte mitten in der Nacht. Wieder einmal lag sie – im Gedanken an ihre Söhne – lange Zeit schlaflos. Zwar hatte sie den Namen des Mörders nicht genannt, doch kursierte schon lange eine Vermutung. Würden ihre Söhne diese vielleicht irgendwann für eine Gewissheit ansehen und entsprechend handeln? Nicht auszudenken, wenn sie sich zur Rache aufstacheln ließen und diese schließlich verübten. Beim Gedanken daran, was ein weltliches Gericht über Paolo-Maria und Giovanni verhängen könnte, wurde sie von nacktem Entsetzen ergriffen. Doch noch viel mehr erschreckte sie dies: Wenn sie zu Mördern und mit einer solchen Schuld belastet sterben würden, ihr ewiges Seelenheil wäre in Gefahr. Sie hatte alles versucht, ihnen immer wieder eine christliche Gesinnung vor Augen gehalten, doch sie *wollten* nicht hören. Was sollte sie tun? Hinnehmen, dass sie sich möglicherweise einem Abgrund näherten, aus dem es in Ewigkeit kein Zurück mehr gab? Sie wälzte sich hin und her, erhob sich, ging im Raum auf und ab, öffnete das Fenster und schloss es wieder. Dann ging sie leise in den Nebenraum, suchte die Ecke auf, in der das ihr so vertraute Kreuz an der Wand hing. Sie zündete eine Lampe an, schaute hinauf und sprach:

„Oh Herr, ich weiß nicht, ob und wie ich meine Söhne noch erreichen kann. Meine Worte waren vergeblich. *Bitte*, ändere ihre Gesinnung. Lasse nicht zu, dass sie Gefahr laufen, ihr ewiges Ziel zu verfehlen. Eher will *ich* auf Erden leiden, als dass *sie* dies in Ewigkeit tun."

30. Kapitel

Einige Wochen danach …

Nun, da sie die Mühle für immer verlassen mussten, blickte Rita noch einmal zurück. Szenen der Vergangenheit, Bilder gemeinsamer Erlebnisse mit Paolo Fernando und ihren Söhnen zogen durch ihr Bewusstsein. Sie nahm wehmütig Abschied, rief ihre Söhne zu sich und zu Dritt machten sie sich auf den Weg zu dem kleinen Haus, in dem sie einst mit ihren inzwischen längst verstorbenen Eltern wohnte. Sie betrat das Haus, öffnete ein Fenster, während die Erinnerung an ihre Eltern wieder vor ihr stand. Nun schloss sich ein Kreis ihres Lebens und zugleich begann ein neuer: Das Leben als Witwe und alleinerziehende Mutter.

Der schwarze Tod …

Als die Pest erst ihre Vorboten schickte und dann mit unverhülltem Gesicht in Roccaporena Einzug hielt, Bewohner eines Hauses nach dem anderen von ihr befallen wurden, Totengräber auf dem Friedhof des Dorfes unaufhörlich Gräber freilegten, aus Häusern und Gassen Wehklagen zu hören war, suchte der schwarze Tod auch das Haus der Familie Mancini auf und besiegelte zwei ihrer Mitglieder mit seinem Zeichen: Sowohl Paolo – der Schwiegervater von Rita – als auch seine Frau fielen der Pest zum Opfer. Rita half, wie und wo sie nur konnte, pflegte Kranke und brachte für alle Bewohner des Dorfes, für Opfer der Pest und trauernde Angehörige, Gebete dar. Doch was sie insgeheim dabei befürchtete, trat ein: Die Pest ergriff auch ihre Söhne und infizierte sie mit ihrem tödlichen Hauch.

Nach meinem Mann nun auch noch meine Söhne? Rita eilte Tag um Tag zum Spital. Auf dem Weg dorthin war ihr, als gebe der Boden unter ihr langsam nach, als verliere sie ein Stück weit den Halt. Doch sie raffte sich wieder auf und schickte unterwegs immer wieder ein Stoßgebet zum Himmel. Am Krankenlager ihrer Söhne kümmerte sie sich hingebungsvoll um sie und versuchte mit allen Mitteln, ihr Los zu erleichtern. Sie rief ihnen – behutsam und sanft – Wahrheiten des christlichen Glaubens in Erinnerung. Dabei spürte sie, dass die nach dem Tod ihres Mannes und ihrer Weigerung, den Namen seines Mörders zu nennen, spürbare Kluft zwischen ihnen zunehmend geringer wurde. Rita kämpfte innerlich mit einem Gefühl tiefer Niedergeschlagenheit und Trauer: Musste erst der schwarze Tod nach ihnen greifen, damit wir uns wieder so nahe kommen wie einst? Auf einmal erinnerte sie sich an ihr Gebet: *Eher will ich auf Erden leiden, als dass sie dies in Ewigkeit tun …*

Ich will und wollte meine Söhne doch nicht verlieren! Rita begann, mit sich und dem Schicksal zu hadern, doch wurde sie bald wieder ruhiger. Sie sprach ihren Söhnen Mut zu, bewegte sie nach und nach dazu – soweit ihr geschwächter Zustand dies zuließ – in ihr Gebet einzustimmen. Sie sprach ihnen mit liebevollen Worten von ihrem Vater, ermunterte sie, auf ein mögliches Wiedersehen mit ihm fest zu vertrauen und sah, wie dies ihre Stimmung veränderte. Es war, als habe die Erinnerung an ihren Vater, die Hoffnung auf ein Wiedersehen jeden früheren Widerstand langsam zum Schmelzen gebracht. Nun hörten sie ihr auch willig zu, als sie von Jesus Christus sprach, sie im Vertrauen auf ihn bestärkte und ihnen in Erinnerung rief, wie dieser am Kreuz vergeben und selbst um Vergebung für seine Feinde gebetet habe. In einer Zeit der Stille betete Rita innerlich inständig und nahm schließlich all ihren Mut und ihre Kraft zusammen, als sie sprach:

„Paolo-Maria, Giovanni, meine geliebten Söhne: Könnt auch ihr dem Mörder eures Vaters vergeben? Wenn ihr es tut, werdet ihr Frieden haben und auch euch wird vergeben werden."

Rita sah von einem ihrer Söhne zum anderen. Beide gaben ihr zu verstehen, dass sie bereit waren, zu vergeben. Rita empfand, trotz allem Leid im Anblick ihrer vom herannahenden Tod gezeichneten Söhne, darüber eine tiefe, sie erschütternde Freude. Giovanni und Paolo-Maria brauchten nun Ruhe. Rita erhob sich, zeichnete voller Liebe ein Kreuz auf ihre Stirn.

„Ruht euch aus, ich komme bald wieder."

31. Kapitel

Rita verließ den Dorffriedhof von Roccaporena, während Bilder der Angehörigen, die sie nach und nach verloren hatte, an ihr vorüberzogen: Meine Eltern, Paolo Fernando, Giovanni, Paolo-Maria. Nun stehe ich ganz allein da. Rita schüttelte diesen Gedanken sogleich wieder ab. Es kann zwar manchmal so scheinen, doch war und bin ich ja niemals allein. Die Umstellung fiel Rita dennoch schwer. Wo auch immer sie sich im Hause aufhielt, erinnerte sie sich an ihren Mann und ihre Söhne. Doch bald nahmen sie neue Aufgaben in Anspruch, da sie immer wieder jemand aufsuchte und sie für Kranke und Verletzte um Hilfe bat. Dann begab sich Rita sogleich in das unweit gelegene Lazarett, pflegte Hilfsbedürftige, setzte dabei ihre Kenntnis von Heilpflanzen ein und half, so gut sie nur konnte. Als sie eines Tages einem auf seinem Krankenlager liegenden Pestkranken gegenüberstand, wurde Rita innerlich zutiefst erschüttert, erkannte sie in den vom schwarzen Tod gezeichneten Gesichtszügen doch sogleich den Mörder ihres

Mannes. Erinnerungen stiegen mit Macht und gleichsam Welle um Welle, in ihr auf:

„Ich muss sofort zu ihm reiten, ihn warnen!“

„Bitte, bitte halte dich heraus, ich fürchte sehr, dass du in etwas verwickelt wirst, was dir zum Verhängnis werden kann.“

„Es geht um Leben oder Tod.“

Rita empfand erneut tiefen Schmerz, rang mit sich und überwand ein Gefühl, das dem nun nötigen Dienst aus Barmherzigkeit nicht im Wege stehen durfte. Sie beugte sich zu ihm, sicherte ihm ihre Vergebung zu und bemühte sich, wie bei jedem anderen Kranken auch, sein Los durch gute Pflege zu erleichtern.

Als sie auf dem Nachhauseweg war, fiel ihr eine Frau auf, die seltsam verloren wirkte und die ärmliche, zerrissene Kleidung trug. Rita ging auf sie zu, sah sie freundlich an und fand bald heraus, dass die arme Frau schon lange nichts mehr gegessen hatte. Rita holte aus einem Beutel Münzen hervor und gab sie ihr. Das Gesicht der hungrigen Frau hellte sich auf. Bevor Rita ihr noch anbieten konnte, ihr aus ihrem Hause ein Stück Brot zu bringen, eilte sie davon.

32. Kapitel

Rita spürte, dass ihr früherer Wunsch, in das Kloster Santa Maria Magdalena einzutreten, wiedererwachte. Sie verbrachte manchmal halbe oder ganze Nächte im Gebet, empfahl ihr Anliegen ihren Patronen – dem heiligen Augustinus, Nikolaus von Tolentino und Johannes dem Täufer – bis sie sich eines Morgens auf den Weg nach Cascia machte.

Sobald sie Gassen der Stadt und den Marktplatz erreichte, erinnerte sie sich an Szenen ihrer Kindheit. Sie sah, wie ihre Mutter sie an der Hand hielt, während sie, zusammen mit ihrem Vater, durch Cascia schlenderten. Wie lange ist dies her! Damals ahnte ich noch nichts von Paolo Fernando, meine Söhne lebten noch nicht und nun ist von ihnen allen keiner mehr da. Und doch ist die Verbindung niemals abgerissen und eines Tages werden wir wieder vereint sein. Rita löste sich von diesen, sie wehmütig und hoffungsvoll zugleich stimmenden Gedanken und ging zielstrebig auf die Pforte des Klosters der Augustinerinnen zu.

Sie klopfte an, wartete, klopfte nochmals und fester an und wartete wieder. Nach einiger Zeit hörte sie näherkommende Schritte, das Tor wurde von einer Schwester geöffnet, die die Besucherin erkannte und sie bat zu warten. Es dauerte eine ganze Weile, bis Rita sich der Oberin gegenübersah, die sie freundlich-verhalten begrüßte und aus einer vorsichtig wirkenden Distanz heraus milde ansah. Die Oberin hörte ihr aufmerksam zu, schwieg eine Weile, in der sie ihre Gedanken sammelte, bis sie mit höflicher Entschiedenheit sprach:

„Ich weiß und sehe, dass dein Wunsch, bei uns im Kloster aufgenommen zu werden, nicht einer Laune entspringt, vielmehr lange gereift ist. Und doch muss ich dir sagen, dass ich dir die Tore unserer Gemeinschaft nicht öffnen kann."

Die Oberin sah Spuren von Enttäuschung in Ritas Gesicht und fuhr fort: „Streitigkeiten zwischen der Familie Paolo Fernandos und der Familie seiner Mörder sind neu entflammt. Überdies sind einige Schwestern unseres Ordens – über Mitglieder ihrer Familien – indirekt von diesem Fall betroffen. Da die Familien Lotti-Mancini und die Familie des Mörders nicht versöhnt sind, können wir nicht riskieren, dass wir in diesen furchtbaren Zwist hineingezogen werden."

Die Oberin wartete, welche Wirkung ihre Worte in Rita hervorrufen würden. Da diese, mit leicht gesenktem Kopf, schwieg, fügte sie abschließend hinzu:

„Es tut mir leid für dich, zumal du bereits so viel Leid durchgemacht hast. Doch glaube ich, du wirst die Gründe, die ich dir gab, gewiss verstehen. So gehe denn mit Gott und lebe wohl."

33. Kapitel

Nach einer Reihe von Schlägen ein weiterer Schlag. Rita machte sich betrübt wieder auf den Rückweg. Kaum war sie zuhause, als sie schon wieder von Hilfe suchenden Menschen aufgesucht wurde. In einem nicht weit entfernten Haus war ein Verletzter zu beklagen und eine Angehörige einer Kranken baten sie eindringlich zu kommen. Rita nahm schnell ein wenig Brot und Tee zu sich und machte sich auf den Weg.

Tage danach war *sie* es, zu der ein Besucher kam, dessen Anblick sie ebenso überraschte wie erfreute: „Pater Ugolino, nun kommen *Sie* zu mir."

Sie reichte ihm die Hände und bat ihn herein. Pater Ugolino erzählte ihr Neuigkeiten von der Einsiedelei, lauschte ihren Erzählungen über schmerzliche Ereignisse der Vergangenheit, bis er, in die eintretende Stille hinein, sagte:

„Vor Tagen war ich in Betrachtung, als mir auf einmal eine Erinnerung kam: Ich sah dich, wie du einst zu mir in die Einsiedelei Santa

Croce kamst und mir von deinem Wunsch erzähltest, im Kloster der Augustinerinnen aufgenommen zu werden. Auf einmal fühlte ich mich dazu bewegt, dich aufzusuchen."

„Auch ich erinnere mich noch lebhaft an meinen damaligen Besuch. Sie sagten mir, mein Wunsch sei *durchkreuzt* worden. Genauso ging es mir wieder vor einiger Zeit, als ich am Klostereingang mit der Oberin sprach."

Pater Ugolino seufzte und fügte leise hinzu:

„Nun weiß ich, warum ich zu dir kommen sollte."

Er dachte nach und sprach:

„Ich kann die Oberin durchaus verstehen. Sie darf nicht nur an dich, muss vielmehr an alle Schwestern, das Fortbestehen des Konventes denken."

Ihr Besucher blickte für einige Zeit wie in die Ferne, bis er sprach:

„Es war nicht das letzte Mal, dass deine Pläne durchkreuzt wurden, aber ich glaube, am Ende wird dein Wunsch sich doch noch erfüllen. Sei beharrlich, Rita, gib nicht auf. Meine Gebete begleiten dich."

Mit diesen Worten stand er auf, blickte sie voll Wohlwollen an und machte sich wieder auf den Heimweg.

34. Kapitel

Viele Monate waren seitdem vergangen – ein weiteres Mal hatte Rita vergeblich darum gebeten, im Kloster aufgenommen zu werden – als Worte von Pater Ugolino wie ein Echo in ihr Gedächtnis kamen: *Sei beharrlich, Rita, gib nicht auf.* Nach einer erneut im Gebet verbrachten Nacht, in der sie auch ihre Patrone wieder inständig um Hilfe bat, machte Rita sich noch einmal auf den Weg. Wurde sie im Hause der Familie ihres ermordeten Mannes zunächst auch kühl bis abweisend empfangen, ihre mit so viel Nachdruck und Güte vorgebrachten Worte verfehlten ihre Wirkung nicht. Lag dies auch daran, dass die Familie Mancini inzwischen selbst durch den Tod von Paolo Mancini und seiner Frau schwer getroffen worden war? Rita rief allen das Andenken ihres ermordeten Mannes ins Gedächtnis, beteuerte, wie sowohl dieser als auch ihre Söhne dem Mörder und seinen Helfern von Herzen vergeben hätten und wie sie in Frieden gestorben wären. War es somit etwa nicht im Sinne von Paolo Fernando, dass *auch sie* die Vergangenheit ruhen ließen? Sehnte sich im Grunde nicht jeder nach Frieden? Wenn der Durst nach Rache durch ein Verbrechen gestillt wurde, machte dies etwa glücklich? War nicht der Friede ein unendlich höheres Gut?

Rita sah, dass ihre Worte Eindruck hinterließen. Eine lange anhaltende Stille trat ein, bis ihr Gefühl ihr sagte, dass es gut wäre, wenn sie nun nach Hause ginge und ein anderes Mal wiederkäme. Rita dankte allen dafür, dass sie bereit waren, ihr zuzuhören, verabschiedete sich und schlug sogleich einen Weg ein, der sie zum Hause der Familie des Mörders führte. Sie setzte ihren Kampf um Frieden und Versöhnung unermüdlich fort, bis sie eines Tages endlich am Ziel war: Beide Parteien erklärten sich bereit, in Frieden zu leben und besiegelten ihren Willensentschluss mit einer Urkunde, die von allen Beteiligten offiziell unterzeichnet wurde. Rita – Nachfolgerin ihrer als Friedensstifter bekannten Eltern – beeindruckte durch diesen großen Erfolg auch den Bischof von Spoleto, so dass er die Erlaubnis gab, in der Kirche San Francesco in Cascia diese Versöhnung als Fresko darzustellen. Rita atmete – in mehrfacher Hinsicht – erleichtert auf.

Ein langer Kampf hatte endlich ein gutes Ende genommen und sie selbst stand, nach vielen Schlägen und Rückschlägen, vor dem Beginn einer entscheidenden Wende ihres Lebens. Ihrer Aufnahme ins Kloster Santa Maria Magdalena, dessen war sie gewiss, würde nun nichts mehr im Wege stehen.

35. Kapitel

Im Jahre 1417 …

Mittlerweile war sie zwar als Postulantin aufgenommen. Doch war ihre Berufung auch echt? Was hatte die Oberin nicht schon alles erlebt: Manch eine, bei der man sich auf den ersten Blick fragte, ob überhaupt eine Berufung vorlag, zeigte nach einiger Zeit so große Fortschritte im geistlichen Leben, dass man erstaunt war. Andere hingegen vermittelten auf Anhieb den Eindruck, als könnten sie nur in einem Konvent zuhause sein, doch nach und nach wurde offenbar, dass sie für ein geregeltes Leben in Gemeinschaft völlig ungeeignet waren.

Rita hatte nicht nur mit ihrer Friedensstiftung großen Eindruck auf viele gemacht. Ihre Güte und Hilfsbereitschaft, ihre Liebe zu den Armen waren weithin bekannt. Doch als unabhängige Einzelperson eine Fülle von Tugenden an den Tag zu legen, war wahrlich nicht dasselbe, als in einem Kloster zu leben, in dem Gehorsam gegenüber der Oberin eine unabdingbare Forderung war. Davon abgesehen musste Rita sich in einem Kloster in einen geregelten Tagesablauf einfügen und Pflichten übernehmen, die sie nicht selbst bestimmen konnte. Überdies ging sie mittlerweile auf die Vollendung des vierzigsten Lebensjahres zu: Würde es ihr – die als Ehefrau, Mutter und Witwe schon viel erlebt und erlitten hatte – überhaupt noch gelingen, sich völlig umzustellen? Die Oberin beobachte Rita ganz genau, beäugte jeden ihrer Schritte, lauschte ihren Worten, bis ihr eines Abends eine Idee kam …

„Rita?"

Die Postulantin kam sogleich näher und zeigte, dass sie ganz Ohr sei. „Am Ausgang des Chores steht ein Brunnen. Ich will, dass du Wasser aus ihm schöpfst und jeden Morgen und Abend" – sie erhob einen Arm und zeigte die Richtung an – „diesen dürren Stock da vorne, diese verdorrte Pflanze gießt!"

Rita hatte sich alles gut eingeprägt und gab sogleich zu erkennen, dass sie hierzu bereit war. Die Oberin zeigte dennoch ein undurchdringlich wirkendes Gesicht und wandte sich wieder von ihr ab.

Sobald Rita am nächsten Morgen von Pflichten gemeinsamen Gebetes und Chorgesangs frei war, ging sie zügigen Schrittes zum Brunnen. Nach einigen Anläufen gelang es ihr, Wasser zu schöpfen. Damit ging sie zielstrebig auf den verdorrten Weinstock zu und begann, ihn gewissenhaft und sorgsam zu gießen. Kaum bekamen dies einige Schwestern mit, hörte man, wie sie miteinander tuschelten. Sie schüttelten den Kopf und einige von ihnen brachen in Gekicher aus. Die Szene, in der Rita sich intensiv der Bewässerung eines toten Weinstockes widmete, wiederholte sich jeden Morgen und Abend, über Monate hin, sodass einige Schwestern ernstlich daran zweifelten, ob sie geistig voll auf der Höhe sei. Diese aber bekümmerte sich nicht darum, lag ihr doch nur daran, den Willen der Oberin zu erfüllen.

Eines Morgens entdeckte eine der Schwestern, die an dem einst verdorrten Weinstock vorbeikam, zu ihrer größten Überraschung, dass dieser wieder zu neuem Leben erwacht war. Es war unübersehbar, dass hier ein Wachstumsprozess in Gang war, der Weinstock zu grünen begann. Nach und nach bildete er Blätter und Früchte aus und die Kunde von diesem Wunder verbreitete sich im ganzen Konvent, überall in Cascia und darüber hinaus.

36. Kapitel

Die Oberin – mehr als erstaunt über diesen unerwarteten Ausgang dieser Probe – geriet ins Nachdenken. Die Postulantin hatte ihren Auftrag offensichtlich vollkommen erfüllt, weder Ungeduld gezeigt, noch gemurrt und sie war, über längere Zeit, beharrlich geblieben. Wer aber sagte ihr, dass sie über dieses Aufsehen erregende Erblühen eines völlig verdorrten Weinstocks nicht in Dünkel verfiel, ihr diese Geschichte zu Kopf stieg? Die Oberin beobachtete Rita in der Folgezeit ganz genau, bis sie sich davon überzeugte, dass sie dieses Ereignis nicht nur nie erwähnte, sondern an Bescheidenheit noch zuzunehmen schien.

Rita gewöhnte sich nach und nach an das Leben im Kloster und zeigte dabei so viel guten Willen, dass die Oberin ihr eines Tages die Erlaubnis gab, von nun an den Konvent jeden Morgen zu verlassen, um Kranke aufzusuchen und zu pflegen, die außerhalb der Klostermauern auf Hilfe angewiesen waren. Wo auch immer sie auftauchte, war man erfreut, sie zu sehen. Bald tröstete sie Trauernde, bald half sie jungen, verlassenen Müttern und ihren im Elend lebenden Kindern. Ihre besondere Liebe galt den Armen, denen sie immer wieder Nahrung mitbrachte, auf die sie selbst verzichtete. Längst war sie in Cascia überall bekannt und ihr Ruf als herausragend liebenswerte, gütige und hilfsbereite Schwester verbreitete sich immer mehr.

Doch wurde sie nicht nur gesucht, wenn sie in Cascia unterwegs war. Immer wieder strömten Hilfsbedürftige auch an die Klosterpforte, hielten nach ihr Ausschau oder fragten nach ihr. Rita wollte keineswegs im Mittelpunkt stehen, doch was sollte sie tun? Man konnte und durfte ja niemand abweisen. Einigen Mitschwestern wurde ihre große Beliebtheit jedoch bald zum Dorn im Auge:

„Ich *kann* und *will* es langsam nicht mehr hören: ‚Ist Schwester Rita da?' Immer wieder fällt ihr Name und *nur* ihrer, als wären wir nicht ebenso bereit zu helfen! *Wir* sammeln Brot und schleppen es hierher, *wir* warten an der Pforte, sind bereit, es auszuteilen. Doch diese Armen beachten uns nicht einmal und recken ihren Hals nur, um *sie* zu sehen! Als hätten wir nicht auch eine Zunge und ein Herz."

Ihre Mitschwester stimmte lebhaft zu:

„Was glaubt sie, *wer* sie ist?! Denkt sie etwa, sie wäre besser als wir? Warum muss sie immer im Mittelpunkt stehen, alles an sich reißen? Wer weiß, vielleicht tut sie nur so bescheiden und hofft insgeheim darauf, dass sie einst zur Heiligen deklariert wird."

„Wenn ich Oberin wäre, würde ich ihr jeden Dienst an der Pforte verbieten und ihre Ausflüge erheblich einschränken. Soll sie doch besser alleine in ihrer Zelle Buße tun, wenn sie glaubt, dass sie etwas Besonderes ist."

„Neulich hörte ich, wie sie ein Armer ‚pries', sie wäre *so* verständnis- und liebevoll …" „Kein Wunder: Wenn ich jedem Armen honigsüße Worte geben würde, würden sie mir auch in Scharen nachlaufen. Aber sie vergisst, dass wir hier im Kloster einfach nur – ohne Aufsehen zu erregen – nach der Regel des heiligen Augustinus zu leben haben!"

Als Rita, über eine Ohrenzeugin, von so viel Neid und Missgunst ihr gegenüber erfuhr, war sie tief betrübt. Waren diese üblen Nachreden und Verleumdungen, dieser Neid und diese Missgunst nicht wie Schläge mit einer Geißel? Sie überprüfte ihr Gewissen: Nein, Gott weiß, wenn ich den Armen helfe, so tue ich dies nicht für mich. Es ist Jesus Christus, der mich in ihnen anblickt und um Hilfe bittet. Ich will doch nur meine Pflicht erfüllen und würde am liebsten ganz verborgen bleiben. Auf einmal kam ihr, in Verbindung mit der Passion Christi, eine Stelle aus der Heiligen Schrift in den Sinn:

„Jesus aber schwieg“

Ja, das werde ich auch tun: Schweigen und das Leid, das diese Schwestern mir verursachen, für sie aufopfern:

„Herr, vergib ihnen, denn sie wissen nicht, was sie tun.“

37. Kapitel

Jahrzehnte danach …

Im Jahre 1442 brachen Rita und ihre Mitschwestern nach einer ergreifenden Karfreitagsliturgie vom Kloster Santa Maria Magdalena auf, um sich zur Kirche Santa Maria della Plebe zu begeben. Schon lange herrschte eine gespannte Erwartung und Aufregung in der Stadt, machte doch die Kunde vom Kommen des in ganz Europa berühmten Predigers Fra Giacomo della Marca überall die Runde. Bald gab es kaum noch ein anderes Thema. Wohin man auch kam, überall fiel der Name des wortgewaltigen Franziskaners und Schülers des großen Bernardino da Siena, dem der Ruf zahlloser Bekehrungen und Wunder vorauseilte. Hatte er, dessen Zunge vom Feuer des Heiligen Geistes entflammt schien, es nicht fertiggebracht, erbittert verfeindete Städte wieder zu versöhnen? Er schlafe nur wenige Stunden in der Nacht, unterwerfe sich – fast das ganze Jahr hindurch – strengem Fasten und Bußübungen, erzählte man sich und manche behaupteten sogar, in ihm nahe sich Cascia ein neuer Johannes, der Täufer.

Über sein Kommen waren jedoch nicht alle erfreut, war er doch dafür bekannt, dass er gegen Geiz und Wucher genauso unerbittlich zu Felde zog wie gegen Aberglauben, Luxus und das Laster des Fluchens. Papst Eugen IV. höchstpersönlich, so hieß es, habe ihn beauftragt, als Bußprediger aufzutreten und so lag eine Spannung in der Luft, wie sie vor Donnerschlägen und hell aufflammenden Blitzen bekannt ist. Einsiedler verließen ihre Klausen, Ordensleute ihre Klöster, Junge und Alte, Bettelarme ebenso wie Vornehme und Reiche, strömten von überall her zusammen. Menschen belagerten den Eingang zur Kirche, drängten sich herein und manch einer zeigte mit bangem Blick, dass ihm der Gedanke an eine bald über sie hereinbrechende Bußpredigt nicht geheuer war.

Eine zunehmende Unruhe erfüllte die Massen, die in der überfüllten Kirche voller Ungeduld warteten. Vereinzelt erhoben sich Klagen und Gebete, so als wollte jemand das nahende Gericht vorwegnehmen. Dann aber erschien endlich *er*, Fra Giacomo della Marca, in einfacher, brauner Franziskanerkutte und zog sofort alle Blicke auf sich. Zunächst stand er still da und zeigte ein Gesicht, in dem die Spuren seines asketischen Lebens unübersehbar waren und ließ seinen höchst konzentriert wirkenden Blick über viele der versammelten Personen wandern. Dann sammelte er sich, schloss die Augen, betete längere Zeit leise, doch mit großer Intensität, so dass alle, wie gebannt, zu ihm schauten. Auf einmal erhob er seine Stimme und begann mit solch hinreißender Gewalt und Glut über die Passion Christi zu predigen, dass die Zuhörer bald zutiefst ergriffen wurden. Worte entströmten mit nicht nachlassender Kraft seinem Mund, so dass alle die Schilderung der Leiden Christi vernahmen, als hörten sie diese zum ersten Mal. Fra Giacomo aber hatte den Zenit noch lange nicht erreicht. Nach der Passion lenkte er nun den Blick auf die unendliche Liebe, mit der Christus bereit war, diese Leiden auf sich zu nehmen, hielt inne und warf mit mächtiger Stimme eine Frage, wie eine Fackel, in die Versammlung:

„… und *wir*, für die er all dies litt, haben wir es ihm *jemals* gedankt? ER gab sein kostbares Blut für uns: Unter uns hingegen sind einige, die ihre Mitmenschen bis aufs Blut aussaugen, als Wucherer über sie herfallen!

ER erniedrigte sich, wusch seinen Jüngern die Füße, ließ sich verhöhnen und verspotten, geißeln, mit Dornen krönen. ER trug sein Kreuz und zum Dank hierfür schwelgen einige unter uns in Luxus, während ihre Mitmenschen in bitterster Armut leben!

Christus gab sich vollkommen hin, doch unter uns sind einige, die es IHM dadurch danken, dass sie vor lauter Geiz an der schreienden Not ihrer Schwestern und Brüder gleichgültig vorbeilaufen, da ihre Seele ein übertünchtes Grab und ihr Herz völlig verhärtet ist!"

Alle spürten, dass die Schläge, die er ihnen versetzte, letztlich aus Liebe hervorgingen. Dieser Prediger verfolgte das Ziel, sie zur Umkehr zu bewegen, damit ihre unsterblichen Seelen gerettet würden.

Rita und ihre Mitschwestern hüllten sich in Schweigen, als sie die Kirche Santa Maria della Plebe verließen und schweigend setzten sie auch ihren Rückweg bis zum Kloster fort. Sobald es ihr möglich war, zog Rita sich zurück und betete lange vor einem Bild des Gekreuzigten, wobei sie die Passion Christi nach der zuvor gehörten Predigt noch anteilnehmender als sonst betrachtete. Während Worte von Fra Giacomo della Marcha in ihr widerhallten, erwachte in ihr der Wunsch, Christus mit noch größerer Hingabe nachzufolgen. Stellen aus der Heiligen Schrift gingen ihr durch den Sinn und sie vertiefte sich voller Mitgefühl in sie: Wie entsetzlich muss ER gelitten haben, als er verhöhnt, verspottet, geschlagen, misshandelt und schließlich mit Dornen gekrönt wurde. Sie blickte zum Kreuz auf und betete:

„Lass mich ein wenig an deiner Passion Anteil nehmen, soweit ich dies mit meinen schwachen Kräften tragen kann."

Nur wenige Atemzüge danach sah sie, wie von der dargestellten Dornenkrone plötzlich ein starker Lichtstrahl ausging, der sie mitten in der Stirn traf. Sie empfand einen sie durchbohrenden, heftigen Schmerz und sank zu Boden. Als sie am nächsten Morgen von Schwestern gefunden wurde, entdeckten diese die Wunde an ihrer Stirn und führten sie auf einen Sturz zurück.

38. Kapitel

Im Jahre 1457 …

Von der Pilgerreise zu Fuß nach Rom zurückgekehrt, fühlte Rita sich bald wieder sehr geschwächt. Nun verbrachte sie ihre Zeit wieder auf dem Krankenlager ihrer engen Zelle, in der man sie viel allein ließ. Sie dachte dankbar an Erlebnisse in der ewigen Stadt zurück. Was für ein Geschenk war es doch, dass sie und ihre Mitschwestern, im Zentrum der Christenheit, dem Sitz des Papstes, in einer durch das Zeugnis zahlreicher Märtyrer geheiligten Stadt, bei der Heiligsprechung ihres Patrons Nikolaus von Tolentino dabei sein durften. Wie erhebend und geistlich erneuernd waren doch diese Tage. Umso seltsamer war es, dass sie ausgerechnet jetzt, wo unvergessliche Erlebnisse noch stark in ihr nachklangen, Gedanken an Paolo Fernando und ihre Söhne bedrängten, die sie in starke Unruhe versetzten. Als lege sich auf einmal ein großer Schatten auf all den römischen Glanz und verdunkele ihren Geist, wurde ihr Gemüt zusehends verdüstert.

Ich habe es doch selbst gehört, dass Paolo Fernando seinem Mörder vergab. Oder habe ich die Worte, die er mit letzter Kraft von sich gab, vielleicht nur so aufgefasst, wie ich sie hören wollte? Paolo-Maria und Giovanni, haben sie wirklich vergeben? Sie beschlich ein schrecklicher Verdacht: Vielleicht haben sie auch nur so getan, weil sie mich zufriedenstellen wollten, damit ich endlich aufhöre, ihnen gut zuzureden. Wer weiß, ob nicht der Durst nach Rache noch in ihnen lebendig war.

„Oh Herr, ich weiß nicht, was auf einmal mit mir geschieht. Wo blieb die Zuversicht, dass sie gerettet sind? Ich fühle nichts als Sorge, Not, Bedrängnis und alle Hoffnung scheint wie ausgelöscht."

Sie hielt inne, bis ihr ein bildhafter Gedanke kam.

„Bitte, gib mir ein Zeichen: Wenn Bona wiederkommt, so werde ich sie bitten, den Garten meiner Eltern aufzusuchen, mir daraus eine Rose und zwei Feigen mitzubringen. Wenn sie mir *diesen* Wunsch erfüllen kann, so will ich nie mehr zweifeln, dass mein Mann und meine Söhne gerettet sind."

Kaum betrat Bona zwei Tage danach die Zelle, in der ihre Freundin Rita lag, als diese ihr auch schon ihren Wunsch anvertraute. Bona war betroffen, betrachtete die ausgezehrten, blassen Gesichtszüge ihrer Freundin. Was sollte sie darauf antworten? Offensichtlich stand es um Rita schlimmer, als sie zuvor dachte. Hatte sie schon soweit die Orientierung verloren, dass sie nicht mehr wusste, dass Januar war? Ihr blieb wohl nichts anderes übrig, als sich – der Form halber – nach Roccaporena zu begeben.

„Keine Sorge. Ich gehe sogleich zum Garten deiner Eltern und komme bald wieder."

Als Bona wieder im Freien war, wehte ein kalter Wind und vereinzelte Passanten, denen sie über den Weg lief, suchten bald wieder in ihre Häuser zu kommen. Was sage ich ihr, wenn ich zurückkomme? Sie wird natürlich enttäuscht sein. Obwohl, wer weiß, wenn sie im Fieber sprach, hat sie es bis dahin vielleicht schon wieder vergessen. Auf jeden Fall gehe ich in den Garten, da ich es versprochen habe. Als sie endlich in Roccaporena am Garten des Elternhauses von Rita ankam, sah sie sogleich eine Schneedecke, die alles, auch einen verdorrten Rosenstrauch, überzog. Bona seufzte, rieb sich die kalten Hände, als sie auf einmal zu ihrer großen Verwunderung eine Rose entdeckte, die aus dem Strauch hervorragte. Dann wurde ihr Blick wie von unsichtbarer Hand nach rechts gezogen und sie entdeckte zwei kleine Feigen. Bona war fassungslos. *Was* hatte dies zu bedeuten? Genau, wie sie gesagt hat: Eine Rose und zwei Feigen, bei dieser Kälte, im Schnee! *Woher* wusste sie … Ich verstehe nicht! Bona trat in den Garten ein, brach den Stiel der Rose am unteren Ende mit aller Vorsicht, hob die Feigen behutsam auf und machte sich gleich wieder auf den Rückweg.

Sobald sie die Zelle von Rita betrat, schaute diese gespannt zur Tür. Bona zeigte ihr ihre Fundstücke und ein Lächeln tiefer Freude überzog das von Krankheit schwer gezeichnete, schmale Gesicht ihrer betagten Freundin. Sie sprach mit schwacher, immer wieder stockender, Stimme:

„Danke, Bona …, dass du in dieser Kälte … den weiten Weg … für mich gegangen bist. Du weißt nicht, wie viel mir diese Rose … und diese Feigen bedeuten.“

39. Kapitel

22. Mai 1457

Schon Tage zuvor ahnte die Oberin, dass Rita nicht mehr lange unter ihnen sein würde. Nun kam sie öfter in ihre Zelle, fragte, ob ihr etwas fehle, man etwas für sie tun könne. Als die Kranke darum bat, die heiligen Sakramente zu empfangen, wusste die Oberin, dass die Stunde des Abschieds nahe bevorstand. So ließ sie alle Schwestern des Konventes zusammenkommen und rief dazu auf, gemeinsam für Rita zu beten. Auch Gesänge erhoben sich, in denen die Hoffnung auf das ewige Leben zum Ausdruck kam. Rita sah eine Schwester nach der anderen an, während Ereignisse aus ihrem Leben an ihr vorbeizogen. Mit letzter Kraft erhob sie noch einmal ihre Stimme:

„Habt Mut, liebe Schwestern. Die Zeit ist gekommen, bleibt in der Liebe des liebevollen Jesus."

Sie lehnte sich zurück, hörte – wie aus der Ferne – erneut einsetzenden Gesang ihrer Mitschwestern und fühlte sich getragen von Gebeten, die den Gesang ablösten. Wie im Zeitraffer sah sie noch einmal wichtige Stationen und Personen ihres Lebens. Dann mobilisierte sie ihre letzte Kraft zu einem leisen Gebet und ihre Seele löste sich, ging in die Ewigkeit ein.

Alle Anwesenden waren tief ergriffen und einige der Schwestern erkannten erst jetzt ihre Größe. Doch ein Zeichen des Himmels sollte ihre Augen noch mehr öffnen, denn kaum war Rita gestorben, als sich ihre Stirnwunde verschloss und nur ein rubinrotes Mal zurückblieb.

Bericht über eine persönliche Erfahrung

Ein Gastbeitrag von Isabella Fischi

Im Mai 2009 fuhr ich mit meiner an Alzheimer erkrankten Mutter nach Roccaporena, dem Geburtsort der Heiligen Rita von Cascia. Eine kurze Pilgerreise, von Assisi nach Cascia, auf der Suche nach Trost und Hoffnung, um mit einer so leidvollen Krankheit leben zu können. Rita von Cascia gilt ja in der Tat u. a. als die Heilige für verzweifelte Fälle. Meiner Mutter tat der Aufenthalt dort auf jeden Fall sehr gut, ihre Stimmung hellte sich auf und sie fühlte sich getröstet. Zunächst suchten wir Roccaporena und den bekannten Felsen auf, dann Cascia, wo sie auch begraben wurde. Wir haben die heilige Rita um ihre Fürbitte angerufen und dabei um Kraft und Hoffnung gebeten. Nun, im Jahr 2019, kann meine Mutter noch gut laufen, ist immer ruhigen Gemütes und lächelt. Die Krankheit ist nicht verschwunden, ist fortgeschritten, verlief, unterstützt von Glaube und Gebet, jedoch dennoch günstig.

Die heilige Rita hat uns gelehrt, niemals aufzugeben.

An dieser Stelle möchte ich an das Wunder erinnern, das geschah, als Rita erkrankt und daher gezwungenermaßen bettlägerig war: Sie bat eine Cousine, die aus Roccaporena gekommen war, um sie zu besuchen (dort ist sie ja 1381 geboren) ihr aus dem Garten ihres Elternhauses eine Rose und zwei Feigen zu bringen. Ihre Verwandte war bestürzt, da Winter war, ging jedoch dennoch auf ihren Wunsch ein, da sie dachte, die Krankheit müsse sie verwirrt haben. Zu ihrer großen Überraschung fand sie, als sie in dem Garten angekommen war, mitten im Schnee tatsächlich eine Rose und zwei Feigen. Sie lief sofort wieder nach Cascia zurück, um sie Rita zu bringen.

Seitdem ist die Rose zum Symbol der heiligen Rita geworden. Obwohl das Leben für sie oft voller Dornen war, ist sie dennoch zu einer Frau geworden, die mit ihrer großen Liebe und Vergebungsbereitschaft die Herzen Unzähliger beeindruckt und verändert hat. Wenn man die Tür in Nähe der Zelle der heiligen Rita verlässt, kann man in schöner perspektivischer Verkürzung des alten Klosters den Rosengarten sehen, der in Erinnerung an dieses Wunder angelegt wurde. Der heutige Rosengarten stammt aus dem letzten Jahrhundert. Der Garten der heiligen Rita, in dem ihre Cousine eine Rose und zwei Feigen aus dem Schnee pflückte, befindet sich in Roccaporena, ungefähr 5 km von Cascia entfernt.

Schließlich sei noch erwähnt, dass jedes Jahr nach dem Pontifikalamt am 22. Mai, am Festtag der heiligen Rita, vor der Basilika von Cascia, die traditionelle „Segnung der Rosen“ stattfindet.

Über Isabella Fischi

Isabella Fischi studierte in Perugia, Umbrien, und schloss ihre Studien in drei Fremdsprachen ab: Englisch, Deutsch und Französisch. Sie verfügt über vielfältige Arbeitserfahrungen im Bereich Tourismus, Hotelwesen, Übersetzungen und wohnt in Assisi. Internet: www.facebook.com/isabella.fischi

Bernardino Pinciaroli

Der Augustinerpater und Rektor der „Basilika di Santa Rita“ in Cascia, ist ein ebenso freundlich-unkomplizierter wie vielbeschäftigter Mann. Auf die Frau angesprochen, nach der die Basilika benannt ist, zögert er keine Sekunde, greift tief in den Fundus seines Wissens und holt weit aus:

„1381 in Roccaporena, einem Ortsteil von Cascia (bei Perugia, in Italien) geboren, lebte Rita in einem kleinen Landstrich des Umbrischen Apennins: Als Braut und Mutter, dann als Witwe; wegen des frühen Todes ihrer Söhne, als Alleinstehende und schließlich für vier Jahrzehnte als Augustinerin im Kloster ‚Santa Maria Maddalena‘. Dort führte sie ein Leben, das durch Gebet, Liebe zu ihren Mitschwestern und all das Gute, das sie für arme Familien von Cascia tat, charakterisiert war. Sie zeichnete sich u. a. durch Gehorsam aus. In diesem Zusammenhang wird gerne an das Wunder eines blühenden – zuvor vertrockneten – Weinstocks erinnert, der heute noch zu sehen ist.

Fünfzehn Jahre ihres Lebens verbrachte sie in intensiver Liebe zu Jesus Christus, der ihrer Stirn – in einem mystischen Erlebnis, das für sie mit einem sehr heftigen Schmerz und vorübergehendem Verlust des Bewusstseins verbunden war – ein Stigma, eine tiefe und sie demütigende Wunde verlieh, die sie bis zu ihrem Tod am 22. Mai 1457 trug."

Der Pater, der vor über 46 Jahren zum Priester geweiht wurde, besinnt sich eine Weile. Dann nimmt er, von neuem Elan erfüllt, seinen Gesprächsfaden wieder auf: „Obgleich seit jener Nacht, in der Rita von Cascia starb, inzwischen mehr als sieben Jahrhunderte vergangen sind, ist ihre Botschaft an Frauen und Männer jeden Alters und jeder sozialen oder geografischen Herkunft immer noch aktuell.

Cascia wird jedes Jahr von etwa einer Million Pilgern, aus den verschiedensten Teilen der Welt, besucht. Viele von ihnen kommen, um vor dem unverwesten Körper der Heiligen zu beten oder sie, die Patronin für aussichtlose Fälle, in verzweifelten Anliegen um Hilfe zu bitten. Besonders am 22. Mai ist in den kleinen Straßen der Ortschaft eine Atmosphäre zu spüren, wie sie in jener fernen Nacht im Jahr 1457 wohl ähnlich gewesen sein könnte.

Mit der Zeit haben sich für das Fest der heiligen Rita, das hauptsächlich in der neuen „Basilica di Santa Rita da Cascia“ begangen wird, traditionelle Formen herausgebildet. Die Feierlichkeiten beginnen neun Tage vor dem großen Festtag mit einer an „Santa Rita“ gerichteten Novene, an der Pfarrgemeinden aus der Nähe teilnehmen.

Am Abend des 20. Mai, an dem es sehr emotional zugehen kann, werden Erlebnisse von drei Frauen thematisiert, die schwierige Zeiten und Situationen ihres Lebens in einer Weise durchgestanden haben, die an die heilige Rita erinnern. Von der Augustinerfamilie von Cascia wie auch von der Gemeindeverwaltung wird ihnen deshalb eine besondere Auszeichnung verliehen: Der „Premio internazionale Santa Rita“.

Am 21. Mai lebt in Cascia durch einen Fackelzug, der von der „Piazza di Cascia“ ausgeht, bis er den Kirchplatz der neuen Basilika erreicht, wieder die Atmosphäre jener Nacht auf, in der die Heilige starb. Hiermit wird daran erinnert, wie Einwohner des Dorfes und umliegender Gegenden, sich auf den Weg machten, um sich von ihrer außergewöhnlichen Mitbürgerin zu verabschieden.

An diesem Tag wird, seit nunmehr 61 Jahren, zwischen Cascia und einer anderen Stadt, eine Städtepartnerschaft des Friedens und des Glaubens gefeiert. Dabei bringen die Kommunalverwaltung, die Klosterschwestern und Augustinermönche mit dem Symbol der Fackel zum Ausdruck, dass sie mit der jeweils auserwählten Stadt freundschaftliche Beziehungen unterhalten wollen.

Der Augustinerpater wirft einen Blick auf die Uhr und ist erleichtert, denn *noch* bleibt ihm für seine Ausführungen etwas Zeit: „Am 22. Mai, dem großen Festtag, startet am frühen Morgen ein Festzug von Roccaporena, der in einer Prozession Cascia erreicht. Dort schließt er sich einem historischen Festumzug an, der Umzüge aus dem 15. Jahrhundert Cascias zum Vorbild hat. Dabei wird mit Persönlichkeiten, die für die damalige Zeit typische Kleidung tragen, das ganze Leben der heiligen Rita dargestellt. Hierzu drängt sich auf den Wegen der kleinen Ortschaft eine große Menschenmenge zusammen und ehrt ‚Santa Rita' mit dem Wurf von Rosen. Das Fest erreicht nun mit der feierlichen Eucharistiefeier, die – in Gegenwart anderer Priester, von Augus tinerschwestern und Gläubigen aus aller Welt

– von einem Kardinal geleitet wird, seinen Höhepunkt."

Nun aber – „Scusa! Il dovere mi chiama!" – ruft die Pflicht: Der Verfasser dankt dem leutseligen Gottesmann und verspricht, nach Erscheinen seines geplanten Buches über die heilige Rita, zwei Exemplare für die Bibliothek des Sanktuariums zuzusenden. Danach vertieft er sich in Publikationen über die berühmte, ehemalige Einwohnerin Cascias, betrachtet Bilder, sieht Videos zum Thema an und lässt Worte von Padre Pinciaroli nachwirken: „Santa Rita" in Roccaporena und Cascia im 14. / 15. Jahrhundert; schade, dass es aus jener Zeit keine Filmaufnahmen gibt …

Weltweite Verehrung

Für die weltweite Verehrung der Heiligen Rita von Cascia sollen nachstehend nur zwei Orte und Einrichtungen beispielhaft erwähnt werden. Unternehmen wir zunächst „eine Reise“ auf die Philippinen …

Waisenhaus Heilige Rita

Eine von einem hellblauen Geländer gesäumte, leicht ansteigende Wegstrecke führt zu einem Eingang, über dem „SAINT RITA ORPHANAGE Sucat Parañaque City“ zu lesen ist. Was hätte Rita von Cascia wohl gedacht und empfunden, wäre ihr prophezeit worden: „Im 20. / 21. Jahrhundert wird im Großraum Manila, auf der Insel Luzon, auf den Philippinen, ein Waisenhaus nach dir benannt sein“?

Vernachlässigte, benachteiligte und zur Adoption freigegebene Kinder finden darin Geborgenheit und ein Zuhause, wobei das aus Ordensschwestern und Laien bestehende Personal sich liebevoll ihrer guten Entwicklung widmet.

Werfen wir zunächst einen Blick auf die Geschichte des Waisenhauses

Ursprünglich als „Kinderheim“ bekannt, ist das „Waisenhaus Heilige Rita“ eine gemeinnützige religiöse Einrichtung und ein Apostolat der „Augustinian Recollect Sisters“. Die Gründung geht auf Mutter Carmen Alba, A.R. zurück: Eines Tages, als sie in Quiapo und Sta. Cruz, Manila unterwegs ist, sieht sie, wie kleine, um Almosen bettelnde Jungen Autofahrer bedrängen. Die Not dieser Kinder bringt sie auf eine Idee, die sie nicht mehr loslässt: Sie will ein Waisenhaus errichten, um sich um solche Kinder kümmern und ihnen zu einem besseren Leben zu verhelfen zu können. Im November 1962 stellt Doña Rita Vda. De Dias der „Congregation of the Augustinian Recollect Sisters (CARS)“ Land zur Verfügung. Eine weitere Förderin des Projektes, Doña Pia Vda. De Guidote, ermöglicht es Mutter Carmen durch eine Schenkung, mit dem Bau des Gebäudes zu beginnen, und so kann bereits am 22. Dezember 1964 das erste Waisenkind aufgenommen werden. Zusätzliche Unterstützung leisten Gabriel und Laura Elorde und weitere Spender. Der Bau kann fertiggestellt, am 3. Februar 1967 eine Kapelle eingeweiht und schließlich auch das zweistöckige Hauptgebäude eingesegnet werden. Am 10. Dezember 1975 wird das „Waisenhaus Heilige Rita" schließlich von der Regierung (Department of Social Welfare and Development (DSWD)) offiziell akkreditiert. Ein weiteres Gütesiegel des „Saint Rita Orphanage" stellt die Registrierung bei der „Security of Exchange Commission (SEC)" dar.

Auf der Website des Waisenhauses findet sich ein Hinweis auf eine Stelle aus dem Evangelium (Matthäus 19:14.). Darin verheißt Jesus Kindern, die man zu ihm kommen lassen soll, das Himmelreich. Eine weitere Orientierungsquelle für die Arbeit stellt das Leitbild dar. Darin verpflichtet man sich u. a. dazu, mit den Waisenkindern geduldig und liebevoll umzugehen, auf ihre Bedürfnisse einzugehen und für sie erreichbare Entwicklungsziele zu ermitteln. Es soll eine Atmosphäre des Gebetes, des Vertrauens auf die Göttliche Vorsehung und gegenseitigen Vertrauens erlebbar sein, in der Kinder sich, wie in einer Familie, fürsorglich betreut fühlen. Dabei wird, wie schon eine Lourdes-Grotte im Vorplatz erkennen lässt, auch auf Marienverehrung ein besonderer Wert gelegt.

Aus christlichem Geist werden Kinder im „Saint Rita Orphanage" liebevoll aufgenommen und betreut; ganz im Sinne der heiligen Rita von Cascia.

Santa Rita in Rio de Janeiro …

Von den Philippinen führt uns dieses Abschlusskapitel in einen anderen, überaus großen Kontinent und eine Weltstadt, die man auf Anhieb wohl kaum mit „Cascia" und „Roccaporena" in Verbindung bringen wird.

Im Zentrum von Rio de Janeiro, an der Kreuzung von „Largo de Santa Rita" mit der „Rua Miguel Couto", findet sich der Hauptsitz der Pfarrei Santa Rita. Das Gotteshaus, mit seiner schlichten und schönen Fassade, kontrastiert stark mit großen Gebäuden im Umkreis. Dieses Aufeinandertreffen so verschiedener Baustile – Barock / Rokoko aus dem 18. Jhd. bzw. kühne, in die Höhe aufragende Architektur der Moderne – wird jedoch nicht als störend empfunden.

Die Verehrung der heiligen Rita von Cascia begann in Rio de Janeiro bereits vor dem Jahre 1710 mit der Ankunft des portugiesischem Edelmannes Manuel Nascentes Pinto, seiner Frau Antônia Maria und ihres Sohnes Inácio. Sie kamen im Auftrag des portugiesischen Königs Dom João V. und brachten aus ihrer Heimat ein schönes, Rita von Cascia darstellendes, Bild mit. Sie verehrten diese Heilige besonders und zwar in ihrem herrschaftlichen Landhaus, an der Grenze der heutigen Rua Teófilo Otoni, unweit von Morro da Conceição. Jedes Jahr, am 22. Mai, versammelten dort nämlich adlige Portugiesen viele Ordensgeistliche, um den Festtag der Heiligen zu begehen. Mit der Zeit reichte der Platz für diese Versammlungen nicht mehr aus und so beschloss man, auf dem eigenen Gelände, am Ort der heutigen Kirche, eine Kapelle zu errichten. Hierzu ließ man aus Portugal eine prächtige Statue der Heiligen kommen (die sich heute noch unweit des Altars befindet). Während die kleine Kirche noch im Bau war (Grundsteinlegung 1720), wurde die Statue in der „Igreja da Candelária“ aufbewahrt.

Ein Jahr danach waren der Hauptaltarraum und die Sakristei bereits fertiggestellt, wobei Nascentes Pinto für die Kosten aufkam. Um diese Zeit wurde auch die Bruderschaft „Santa Rita de Cássia" gegründet. Nascentes Pinto war nun der Auffassung, dass ihm das Patronat über die Kirche zustünde, womit der damalige Bischof überhaupt nicht einverstanden war. Er erklärte vielmehr, dies gebühre nur dem König von Portugal. Dieser Zwist setzte sich, nach dem Tod von Nascentes, unter dessen Sohn Inácio fort, bis dieser eines Tages schwer erkrankte, halb gelähmt, taub und stumm wurde. Derart leidgeprüft, ging er in sich, wandte sich in seiner Not an die heilige Rita und versprach, von seinen Forderungen und Ansprüchen völlig abzusehen, wenn er nur wieder gesund würde. Diese Bitte wurde zwar erhört, doch Inácio lebte danach nicht mehr lange. Zuvor jedoch hatte er noch seinen eigenen Nachkommen eingeschärft, niemals mehr mit dem Bischof über diese Frage in Konflikt zu geraten.

Der Hauptsitz der Pfarrei Santa Rita besteht an diesem Ort seit dem 30. Januar 1751. Ganz im Sinne der heiligen Rita ist sicher die von der

Pfarrgemeinde geleistete Sozialarbeit: Jeden Monat erhalten 150 Familien einen Korb mit Grundnahrungsmitteln. Hervorzuheben ist überdies, dass die kleine Kirche – die 250 Sitzplätze aufweist und in der u. a. auch eine Reliquie von Santa Rita aufbewahrt wird – vom Institut für Historisches und Künstlerisches National-Kulturerbe unter Denkmalschutz gestellt wurde.

Nachwort

Am 16. Juli 1627 feierte die katholische Kirche die Seligsprechung Rita von Cascias durch Papst Urban VIII; am 24. Mai 1900 die Heiligsprechung durch Papst Leo XIII. Im Rahmen des Seligsprechungsprozesses bezeugte eine Reihe von Personen, dass das in einem Kapitel erzählte Wunder der Rose und der Feigen wirklich geschah.

Bezüglich des Geburtsdatums der heiligen Rita finden sich verschiedene Angaben (1371 oder 1381 und damit ebenso für das Todesjahr. Der Verfasser hat sich für eine Auswahlmöglichkeit im Bewusstsein entschieden, dass diese Frage nicht erstrangig wichtig ist.)

Benutzte / zitierte Literatur:

- Bernhard Stefan Schneider, Hans Martin: Die heilige Rita von Cascia, Christiana-Verlag, Stein am Rhein, 1989.

- Heilige Rita, Augustinerin, Remo Piccolomini OSA (Cascia); übersetzt, zum Teil verändert und ergänzt durch P. Christoph Weberbauer OSA, Augustinerkloster Messelhausen.

- Rita von Cascia, 100 Jahre Heiligsprechung, Kunstverlag PEDA, Passau.

- Stefano Dell' Orto, Santa Rita da Cascia, Edizioni San Paolo, 1996.

Links:

(Stand 07.04.2022):

www.ritawerk.de

www.saintritashrine.org

www.santaritadacascia.org

Fotografien:

Mit freundlicher Genehmigung von Vito Monno, Cascia, Italien.

Über den Autor

Paul Baldauf, Buchautor und Übersetzer (Englisch, Italienisch, Französisch, Spanisch, Portugiesisch > Deutsch), Speyer am Rhein. Neben Büchern veröffentlichte er in Zeitungen, Freizeit-, Sprach- und Kulturmagazinen, Anthologien und Rundfunksendern. In italienischer Sprache war er dreimal Preisträger bei Schreibwettbewerben des italienischen „Kulturmagazins Onde“ (zweimal 1. Preis, einmal 2. Preis.) Eine Auswahl seiner Gedichte in spanischer Sprache wurde in verschiedenen Sendern von Radio Maria (www.radiomaria.org), auf http://es.catholic.net/, in einem katholischen Radiosender aus Kuba und, im Rahmen von Feierlichkeiten am Festtag der heiligen Jungfrau von Guadalupe, in einer Kirche in New York präsentiert; ein Gedicht in englischer Sprache auf www.thelivingrosary.org. Er schreibt Romane, Erzählungen, Dramen, Reiseliteratur, Kurzgeschichten, Gedichte.